LE MASQUE DE FER

JULES LOISELEUR

BIBLIOTHÉCAIRE DE LA VILLE D'ORLÉANS

Books on Demand - 2020

Copyright © Jules Loiseleur (Domaine Public)
Edition : Books on Demand
12/14, Rond-Point des Champs-Elysées,75008 Paris (France)
Impression : Books on Demand GmbH, Norderstedt (Allemagne).
ISBN : 9782322221301
Dépôt légal : avril 2020

LE MASQUE DE FER

LE MASQUE DE FER DEVANT LA CRITIQUE MODERNE

Ce qui, de nos jours, caractérise la critique historique, c'est l'absence de toute idée préconçue. Elle n'adopte aucune hypothèse *à priori* ; elle compulse, rapproche, commente, discute et éclaire les documents en toute indépendance, sans chercher à les plier à aucun système, résolue d'avance à battre en brèche les opinions reçues, à ne pas satisfaire et même à déjouer la curiosité publique, si l'examen attentif des textes et des faits ne la conduit point à des résultats précis et positifs. Elle sait se résoudre à ignorer, convaincue qu'il n'est pas moins important de saper des erreurs que de fonder des vérités.

C'est dans cet esprit que nous allons essayer d'examiner une question bien des fois agitée depuis plus d'un siècle, question assurément plus curieuse qu'importante, mais qui a toutefois son intérêt historique, car, d'une part, elle éclaire les procédés de la police sous Louis XIV, et, de l'autre, elle touche, par un côté, aux droits plus ou moins légitimes qu'ont eus les derniers Bourbons au trône de France. Cette question, comme on le verra, tient autant de la légende que de la réalité ; aussi nous écarterons-nous, pour la résoudre, des procédés auxquels nous avons eu recours pour d'autres problèmes historiques. Il ne s'agit point ici, en effet, comme pour la mort de Gabrielle d'Estrées ou le mariage de Mazarin avec Anne d'Autriche, de rectifier des faits mal compris et où l'imagination seule des historiens était en jeu ; c'est avec l'imagination populaire qu'on entre en lutte, et l'on sait avec quelle rapidité, avec quelle habileté merveilleuse et qui dépasse celle des plus féconds romanciers, cette multiple et prestigieuse imagination mêle, condense, embrouille les faits et leur prête rapidement le caractère de la légende.

Afin d'éviter toute erreur d'appréciation précipitée, nous demandons grâce au lecteur pour la première partie de cette étude, qui ne contient que la discussion préliminaire des documents et des faits certains, le prévenant d'avance que cet exposé indispensable le conduira, si nous ne nous abusons, à des conclusions qui doivent peut-être tromper sa curiosité, mais qui auront du moins ce double avantage, qu'elles seront neuves et aussi rapprochées de la vérité qu'il est permis de l'espérer en pareille matière.

De toutes les solutions qui ont été données à l'énigme du prisonnier connu sous le nom d'*Homme au masque de fer*, deux seulement jusqu'à ce jour ont, avec plus ou moins de succès, résisté aux efforts de la critique. Toutes les autres ont été successivement battues en brèche. Nombre d'écrivains ont surabondamment démontré qu'on ne peut voir dans le mystérieux prisonnier ni le patriarche Arwédicks, ni le comte de Vermandois, ni le duc de Beaufort, ni le duc de Monmouth, ni le second fils de Cromwell. La solution que M. Paul Lacroix, dans un livre très-ingénieux, a entendu substituer à toutes ces explications chimériques n'a pas mieux soutenu l'examen. La mort de Fouquet à Pignerol, en 1680, est constatée par la correspondance du ministre Louvois avec le gouverneur de cette prison, correspondance dont il est impossible de suspecter l'authenticité. D'ailleurs, ainsi que l'a remarqué M. Henri Martin, cette preuve matérielle n'existerait pas, que l'on ne pourrait encore croire à un retour de rigueur aussi étrange et aussi peu motivé que celui qui aurait porté Louis XIV à masquer et à séquestrer de nouveau le malheureux surintendant, alors que (tous les documents officiels l'attestent) les ressentiments s'étaient apaisés peu à peu et qu'on avait cessé de craindre un vieillard qui ne demandait plus qu'un peu d'air libre avant de mourir[1].

Les deux seules hypothèses qui restent encore en présence sur le prisonnier inconnu sont celles du baron de Hleiss et de Voltaire. La première veut que l'homme au masque ait été un secrétaire du duc de Mantoue, le comte Matthioli. Elle a été adoptée par la majorité des écrivains qui connaissent à fond le siècle de Louis XIV : par M. Henri Martin, par M. Depping, qui a publié, dans la *Collection de documents inédits sur l'histoire de France*, une partie des lettres formant la correspondance administrative du grand règne ; par M. Camille Rousset, qui a étudié de près toutes les affaires où Louvois a mis la main. Cette opinion s'appuie sur des lettres et des pièces authentiques mises au jour par Roux-Fazillac et Delort, ou existant dans nos grands dépôts publics. On peut donc la contrôler de près ; il suffit, pour la juger, de discuter les documents sur lesquels elle s'appuie.

Il n'en est pas de même de l'opinion qu'a laissée transpirer Voltaire sous le couvert d'un de ses éditeurs. Celle-là ne s'appuie sur aucun document décisif et précis. Presque tous ceux qu'elle invoque peuvent aussi bien convenir à un secrétaire du duc de Mantoue qu'à un prince du sang royal. Elle repose principalement sur les traditions relatives au profond respect que les gardiens, le gouverneur Saint-Mars et le ministre Louvois auraient témoigné au prisonnier, et sur le mystère dont il fut entouré à la Bastille. Le seul document qui semble lui appartenir en propre et confirmer ses arguments est un journal découvert par le savant et judicieux P. Griffet, journal dont il est impossible de tirer autre chose que des présomptions, et qu'il convient d'ailleurs d'éclairer au flambeau d'une saine critique. Cette opinion n'en est pas moins de beaucoup plus populaire que l'autre. M. Michelet, dans ces dernières années, l'a ravivée en lui prêtant l'autorité de sa parole ardente et de son entraînante imagination. On en pensera ce qu'on voudra, s'écrie l'illustre historien, mais on ne me fera pas croire aisément qu'on eût pris des précautions tellement extraordinaires, qu'on eût gardé à ce point le secret (toujours transmis de roi en roi et à nul autre) si le prisonnier n'avait été qu'un agent du duc de Mantoue ! Cela est insoutenable. La connaissance qu'on a aujourd'hui du régime intérieur des prisons d'État, la publication des *Archives de la Bastille*, l'excellente introduction que M. Ravaisson a annexée à cette publication, permettent à cette heure d'examiner à fond les arguments sur lesquels repose cette hypothèse, de la serrer de près, et de contrôler, d'après ce qu'on sait avec certitude des usages de la Bastille, les traditions et les faits sur lesquels elle se fonde.

Avant de passer à la discussion des documents relatifs au prisonnier inconnu, et qui conviennent également aux deux hypothèses, il est à propos d'analyser sommairement ceux qui, s'appliquant certainement à Matthioli, paraissent le concerner seul, et, préliminairement, de dire quelques mots des faits qui motivèrent la détention de cet homme d'État.

---

[1] *Histoire de France*, t. XIII, note de la page 45.

I

Ercole-Antonio Matthioli était né à Bologne, le 1er décembre 1640, d'une famille de robe. Le 7 juillet 1659, il obtint le lauréat en droit civil et canonique ; il devint plus tard lecteur public à l'université de Bologne. A l'époque où se placent les événements que nous allons raconter, il était marié depuis dix-huit ans à Camilla Paleotti, veuve d'Alessandro Piatesi ; il avait de ce mariage deux garçons, dont l'aîné, Cesare-Antonio, était né à Mantoue, le 2 octobre 1665. Son père, Valeriano Matthioli, vivait encore. Il avait donc autour de lui une famille associée à ses intérêts et bien posée pour défendre la vie et la liberté de son chef.

Matthioli avait été secrétaire d'État du duc Charles III de Mantoue. Le fils et successeur de ce prince, Ferdinand-Charles IV, le créa sénateur surnuméraire, dignité dont avait été revêtu son aïeul Constantino, et lui accorda le titre de comte pour lui et ses descendants.

En 1676, le gouvernement de Louis XIV conçut le projet d'acquérir un établissement dans le Montferrat, annexe éloignée du duché de Mantoue, et jeta les yeux sur Casal, tapi -tale du Montferrat, située sur le Pô, à quinze lieues seulement de Turin. Le marquis de Villars, consulté sur ce projet, qui devait livrer à Louis XIV une des entrées de l'Italie, fit connaître son avis par une lettre adressée à M. de Pomponne, le 1er avril 1677, dans laquelle il esquissait le portrait du duc et de ses favoris : Le temps me paraît favorable pour traiter avec le duc de Mantoue. Il est gueux, grand joueur et dépensier ; lui et ses favoris n'ont pas un sol. Les juifs lui ont avancé son revenu pour quelques années. Je crois que, si on pouvait le porter à mettre la citadelle entre les mains du Roi, en lui donnant une bonne somme d'argent et une pension considérable pour entretenir la garnison de la ville et du château, ce serait une chose très-avantageuse, d'autant que ce prince ne peut vivre longtemps[1].

Il fut facile de s'entendre avec ce prince aussi léger d'esprit que d'argent, et qui usait dans les plaisirs de Venise les restes d'une fortune et d'une santé également compromises. Sa vie était un carnaval continuel. L'abbé d'Estrades, ambassadeur de France à Turin, noua de secrètes relations avec ses principaux ministres, le marquis Cavriani et les comtes Vialardi et Matthioli. Il fut convenu que ce dernier se rendrait mystérieusement en France pour s'entendre avec les ministres du Roi. Il arriva en effet à Versailles, au mois de décembre 1678, fut bien accueilli de Louis XIV, qui lui fit présent d'une bague et de quatre cents doubles, reçut la promesse d'une gratification beaucoup plus forte en cas de succès, s'aboucha avec Louvois, qui lui remit une instruction où les moindres détails de l'opération étaient réglés, et signa enfin le traité par lequel son maitre s'obligeait à livrer à la France l'une des clefs de l'Italie. On convint que la remise de Casai entre les mains des troupes française serait préparée dans le plus profond mystère. Il fallait en effet déjouer la surveillance active de l'Empire, de l'Espagne et surtout de la cour de Turin, qui depuis longtemps convoitait cette annexe naturelle du Piémont.

Les jours, les mois s'écoulèrent sans que Matthioli tint ses promesses. On apprit enfin à Versailles que la cour de Turin était au fait de toutes les particularités du voyage de ce ministre à Paris et de ses entrevues tant avec les ministres qu'avec le Roi. Le traître avait joué un double jeu et vendu le secret de l'intrigue au

---

1 Lettre existant aux archives des affaires étrangères, et citée per M. Camille ROUSSET, t. III, p. 462, de son *Histoire de Louvois*.

gouverneur espagnol du Milanais et à la cour de Turin, en même temps qu'il vendait son entremise à Louis XIV. L'affaire était manquée ; mais la punition du fourbe ne se fit pas attendre.

Dans le but de commander les troupes qui devaient prendre possession de Casal, Louvois avait mandé de Flandre un officier déjà connu pour son mérite et son esprit prompt et résolu. C'était Catinat. Le ministre l'avait mis au courant de l'affaire, et, dès le mois de décembre 1678, il lui avait enjoint de se rendre secrètement à Pignerol, petite ville située à l'entrée de la vallée de Pérouse, dans le Piémont, et acquise par la France de la maison de Savoie en 163/ Le commandant de la citadelle de Pignerol était le marquis d'Herleville ; mais il y avait pour le donjon de cette citadelle un commandant spécial, du nom de Saint-Mars, chargé de la garde des prisonniers renfermés dans ce donjon, au nombre desquels étaient alors le comte de Lauzun et l'ancien surintendant Fouquet. Saint-Mars seul fut prévenu de l'arrivée à Pignerol d'un officier qui se présenterait de nuit et mystérieusement sous le nom de Richemont[1], et qui devait passer pour un prisonnier d'État. Ces précautions étaient inspirées par la crainte que le séjour de Catinat dans une forteresse si voisine de Turin n'éveillât l'attention. Ce ne fut que par une voie indirecte que Saint-Mars apprit ou devina le nom et la mission de son faux prisonnier. Il n'en fut jamais instruit officiellement. Cette remarque trouvera tout à l'heure son application. Louvois suspendit pour tout le temps que le sieur de Richemont demeurerait à Pignerol les visites que Lauzun et Fouquet avaient été autorisés à recevoir tant du marquis d'Herleville que des officiers en résidence dans cette place forte[2]. Mais, afin d'égayer un peu la réclusion forcée de Catinat, il autorisa Saint-Mars à le mettre en communication avec ses deux illustres prisonniers[3], ce qui l'aydera, ajoutait-il, à passer un temps que je ne puis vous dire s'il sera long ou court. Suivaient des recommandations relatives à Fouquet et à Lauzun. Nulle mention dans cette lettre d'un autre prisonnier, ce qui prouve qu'à cette époque il n'y avait à Pignerol, en dehors des détenus vulgaires dont le ministre parle toujours d'une manière sommaire et collective, d'autres prisonniers d'importance que ceux qui viennent d'être nommés.

Les négociations avec Matthioli, les incertitudes sur ses intentions réelles, avaient duré jusqu'au milieu d'avril. Quand enfin l'abbé d'Estrades eut acquis la preuve certaine que le traité fait entre Louis XIV et le duc de Mantoue, et les instructions données par Louvois, avaient été communiqués à la cour de Turin, on résolut d'attirer Matthioli dans un piège et de charger Catinat du soin de l'arrêter. Saint Mars fut prévenu, par lettre de Louvois du 27 avril, de la prochaine arrestation d'un homme de la conduite duquel Sa Majesté n'avait pas sujet d'être satisfaite. Trois choses lui furent recommandées : le nouveau prisonnier ne devait avoir de commerce avec personne ; Saint-Mars avait ordre de le traiter de façon qu'il eût lieu de se repentir de sa mauvaise conduite ; tout le monde devait ignorer que Pignerol comptait un nouvel hôte.

Tout fin qu'il était, Matthioli fut dupe d'un stratagème assez grossier. L'abbé d'Estrades lui laissa croire qu'on ignorait son double jeu et ses fourberies. Il lui persuada que Catinat, dont Matthioli savait la présence à Pignerol, avait les

---

[1] Lettre de Louvois à Saint-Mars, du 29 décembre 1678, publiée par DELORT, dans l'*Histoire de l'homme au masque de fer*, p. 168.
[2] Lettre de Louvois à Saint-Mars, du 15 février 1679, publiée par DELORT, au t. I, p. 285 de l'*Histoire de la détention des philosophes et des gens de lettres*.
[3] Lettre à Saint-Mars, du 18 avril 1879, même ouvrage, t. I, p. 292.

mains pleines d'argent et était autorisé à les ouvrir en sa faveur. Rendez-vous fut pris entre l'abbé et Matthioli pour le 2 mai, à six heures du matin, dans une église, à un demi-mille de Turin. L'ambassadeur et l'Italien montèrent à l'heure dite dans un carrosse, qui les conduisit rapidement vers une petite hôtellerie où les attendait Catinat, et qui était située sur le territoire français. C'est là qu'eut lieu l'arrestation. Le même jour, à deux heures, le traître était dans le donjon de Pignerol, entre les mains de Saint-Mars.

Il y avait là certainement, de la part du gouvernement de Louis XIV, une violation du droit international et une atteinte à l'autorité du duc de Mantoue, dont Matthioli était le ministre et le sujet. Mais il faut remarquer que la fourberie de ce traître ne portait pas moins préjudice aux intérêts de son maître qu'à ceux de Louis XIV, de sorte qu'en le punissant, le roi de France vengeait à la fois sa propre injure et celle de son allié. Il ne paraît pas que Charles IV ait jamais réclamé contre l'usurpation de droits que se permettait son puissant voisin. Il était d'ailleurs trop faible pour le faire utilement, trop indifférent, trop peu soucieux du soin de sa dignité et de son pouvoir pour y songer.

Le secret assez sévère auquel Matthioli fut d'abord soumis dans sa prison ne paraît pas avoir eu d'autre but que de soustraire aux ennemis de la France la connaissance d'une intrigue qui avait eu une issue presque ridicule. Rentrer en possession des pièces officielles de cette intrigue, et punir le misérable qui exposait le grand roi aux railleries de l'Europe, ces deux idées semblent les seules qui aient réglé la conduite du gouvernement français.

Catinat demeura à Pignerol quelque temps encore après l'arrestation, tout exprès pour interroger le coupable et recouvrer les pièces officielles de la négociation manquée. Le duc de Mantoue n'en avait que des copies ; Matthioli avait caché les originaux dans une muraille de la maison de son père, à Padoue. On l'effraya en le menaçant de la question, et on le contraignit d'écrire à son père une lettre que Catinat songea d'abord à confier au sieur Blainvilliers, lieutenant de Saint-Mars, mais qu'après réflexion, il préféra remettre à un émissaire de l'abbé d'Estrades, lequel s'acquitta à merveille de sa mission. Le 3 juin, les précieux originaux étaient en sûreté[1]. Catinat quitta Pignerol aussitôt après, non sans avoir instruit le ministre des mesures qu'il avait adoptées relativement au prisonnier. Il lui avait donné le nom de *Lestang*, personne à Pignerol ne sachant le nom du fripon, pas même les officiers qui ont aidé à l'arrêter ; il l'avait fait loger dans une chambre qu'occupait auparavant le nommé Dubreuil, et enfin il avait recommandé à Saint-Mars de le traiter fort honnêtement pour ce qui regarde la propreté et la nourriture, mais bien soigneusement pour ce qui pouvait lui ôter tout commerce[2].

Louvois ne ratifia point cette dernière partie des charitables instructions laissées par son agent. Dès le 15 mai, il fit savoir à Saint-Mars que l'intention du Roi n'était pas que le sieur Lestang fût bien traité. Sa Majesté voulait, au contraire, que, hors les choses nécessaires à la vie, on ne lui donnât rien de ce qui peut la rendre agréable.

Il revint plusieurs fois sur ces recommandations. Il écrivait le 20 mai : Je n'ay rien à adjouter à ce que je vous ay mandé de la dureté avec laquelle il faut traiter le nommé Lestang ; le 22 du même mois : Il faut tenir le nommé Lestang

---

[1] Lettre de Catinat à Louvois, du 3 juin 1677. (DELORT, *Masque*, p. 255.)
[2] Lettre de Catinat à Louvois, des 3 et 6 mai 1679.

dans la dure prison que je vous ai marquée dans mes précédentes, sans souffrir qu'il voye de médecin que lorsque vous connaîtrez qu'il en aura absolument besoin.

II

Avant de continuer l'histoire de la détention de Matthioli, il convient de dire un mot de son gardien et de ses compagnons de captivité.

Bénigne d'Auvergne, seigneur de Saint-Mars, avait débuté comme simple soldat dans la première compagnie des mousquetaires du Roi. Il était brigadier lors de la condamnation de Fouquet. D'Artagnan, son capitaine, le désigna au choix du Roi comme un gardien sûr pour la prison de Pignerol, où le surintendant devait être conduit. En décembre 1664, Saint-Mars fut nommé capitaine d'une compagnie franche formée tout exprès pour la garde de Fouquet. Il reçut de plus le titre de commandant de la prison de Pignerol, avec six mille livres d'appointements. Deux lieutenants étaient sous ses ordres : l'un, nommé M. de Saint-Martin ; l'autre, Zachée de Byot, sieur de Blainvilliers. Ce dernier était cousin germain de Saint-Mars et ancien mousquetaire comme lui ; il est désigné dans ses papiers de famille sous le titre de lieutenant à la garde de M. Fouquet dans la citadelle de Pignerol. Saint-Mars correspondait directement avec Louvois, sans communiquer ses instructions soit au gouverneur de Pignerol, M. d'Herleville, soit au lieutenant du Roi, M. Lamothe de Rissan. Quand il avait à faire connaître des choses tout à fait secrètes, et qu'il ne voulait pas confier à la poste de Pignerol, qui était soupçonnée de commettre des indiscrétions[1], il en faisait l'objet de dépêches qu'il remettait à Blainvilliers, lequel les portait à Versailles[2]. Ce dernier le suppléait dans les rares voyages que lui-même faisait à Paris. C'est dans un de ces voyages que Saint-Mars connut et épousa mademoiselle de Moresant, sœur du commissaire des guerres de Pignerol et de madame Dufresnoy, maîtresse du marquis de Louvois[3] et femme du premier commis au département de la guerre. Saint-Mars acquit ainsi un soutien puissant près du ministre de qui son sort dépendait. Nous le suivrons tout à l'heure dans les divers gouvernements qu'il obtint après celui de la prison de Pignerol. Il y fit une fortune considérable, et qui lui permit d'acheter des terres en Champagne, entre autres celles de Dimon et de Palteau. On verra plus loin, quand nous esquisserons le régime des prisons d'État sous Louis XIV, comment les gouverneurs de ces lieux de détention pouvaient s'enrichir aux dépens de leurs prisonniers. Saint-Mars reçut d'ailleurs d'assez fortes gratifications du Roi en récompense de ses services et du zèle qu'il déploya dans ses fonctions. Il avait les deux premières qualités d'un geôlier, la méfiance et la discrétion. Constantin de Renneville, qui fut quelques années sous sa garde, l'a peint comme l'homme de France le plus dur et le plus inexorable. La férocité brutale avec laquelle, s'il faut l'en croire, ce tyran traita Fouquet, a quelque chose de si terrible qu'elle serait capable de faire rougir les Denys et les Néron : nous reproduisons ici textuellement le jugement passionné de l'auteur de l'*Inquisition française*. Madame de Sévigné, beaucoup plus digne de foi, nous représente, au contraire,

---

[1] C'est ce qui résulte d'une lettre de Louvois à Saint-Mars, du 22 août 1681.
[2] Lettres de Louvois, des 29 juillet 1680, 18 août et 1er octobre 1679, au t. Ier de l'*Histoire de la détention des philosophes et des gens de lettres*.
[3] M. Paul LACROIX, *Histoire de l'homme au masque de fer*, p. 253, édit. Delloye.

le geôlier de Fouquet comme un fort honnête homme. La correspondance de Saint-Mars prouve qu'il fut un administrateur scrupuleux, mais traitable, et qui cherchait à procurer à ses malheureux hôtes toutes les commodités compatibles avec la surveillance sévère qui lui était recommandée.

En 1679, lorsque Matthioli arriva à Pignerol, Fouquet était captif dans cette forteresse depuis quatorze ans, et le comte de Lauzun depuis huit. Ces deux illustres prisonniers étaient traités d'un façon tout exceptionnelle et bien différente des procédés rigoureux qu'on employait avec les détenus du commun. ils avaient chacun un valet, captif comme eux ; ils occupaient au-dessus l'un de l'autre chacun un étage du donjon : la chambre de Lauzun était meublée d'un bon lit, de sièges, tables, chenets et ustensiles de feu, et d'une tapisserie de Bergame propre et honneste[1]. Dans les premiers temps de leur détention, ils avaient été mis au secret absolu : on les avait privés de plumes, d'encre et de papier ; ils ne pouvaient se confesser qu'aux époques déterminées par Louvois, et ils entendaient la messe, les fêtes et dimanches, séparément et à des heures différentes. C'est seulement en 1677 qu'ils obtinrent la permission de se promener trois jours par semaine, l'un après l'autre, et non aux mêmes heures, sur le rempart qui faisait face à leurs appartements. En janvier 1679, il leur fut accordé de se voir ; de manger ensemble quand ils le voudraient ; de se promener non-seulement dans le donjon, mais dans toute la citadelle, et même de jouer et converser avec les officiers de Saint-Mars. Ces détails, qui peuvent paraître ici superflus, jetteront tout à l'heure quelque jour sur le régime auquel fut soumis le Masque de fer. Disons tout de suite que Fouquet mourut certainement à Pignerol, le 23 mars 1680, et que Lauzun sortit de cette forteresse le 22 avril de l'année suivante, pour se rendre aux eaux de Bourbon, où l'attendait madame de Montespan.

On a la preuve, par diverses lettres de Louvois à Saint-Mars, que, de 1665 à 1679, quatre autres prisonniers avaient été incarcérés à Pignerol. Le premier, appelé Eustache d'Auger, avait été amené le 20 août 1669, par M. de Vauroy, major de la place de Dunkerque ; le second, nommé Caluzio, avait été arrêté à Lyon et était arrivé à Pignerol en septembre 1673[2] ; le troisième arriva dans cette ville en mars 1674 : c'était un jacobin, nom qu'on donnait en France aux religieux de l'ordre des dominicains. On ignore les causes de la détention de ce moine, qui joue un grand rôle dans la discussion qui va suivre. En annonçant à Saint-Mars l'envoi de ce nouveau prisonnier, Louvois disait seulement : C'est un fripon insigne, qui, en matières très-graves, a abusé de gens considérables. Il était recommandé de le traiter durement et de ne lui donner que les choses de première nécessité. Aussi fut-il logé dans une sorte de cachot vaste, mais sombre, situé dans la tour qu'on appelait la tour d'en bas. Le quatrième prisonnier, dont il nous reste à parler, avait été arrêté en Alsace et introduit à Pignerol en juin 1676. Ce fut lui qu'on délogea pour donner sa chambre à Matthioli : il portait le nom de Dubreuil.

Ces quatre prisonniers n'étaient pas, à beaucoup près, traités avec autant de faveur que Fouquet et Lauzun. D'après les prescriptions de Louvois, la dépense de chacun d'eux ne devait pas excéder vingt sous par jour. Tous étaient du reste

---

[1] *Instruction pour la garde de M. le comte de Lauzun*, du 26 novembre 1671, signée de Louvois.
[2] Dans la correspondance de Saint-Mars, ce prisonnier est appelé Buticary ; l'un des deux noms est un surnom.

soumis à une surveillance exacte et sévère, et considérés comme étant au secret. Il y avait ordre exprès d'empêcher qu'ils ne fussent aperçus et que rien d'eux ne transpirât. Cet ordre était en quelque sorte de style et se renouvelait toutes les fois qu'on envoyait un nouveau prisonnier. En renfermant Eustache d'Auger dans son cachot, Saint-Mars lui dit, en présence de M. de Vauroy, son conducteur, que s'il proférait un mot qui tendît à le faire connaître, il lui mettrait son épée dans le ventre. Le bruit se répandit que le prisonnier sur lequel on veillait avec tant de sévérité était un maréchal de France, et Saint-Mars essaya de dérouter les curieux en leur faisant ce qu'il appelle des contes jaunes[1]. On a là, dès 1670, un avant-goût de la légende qui devait plus tard se former sur le Masque de fer.

On connaît maintenant l'état et le personnel de la prison de Pignerol au moment où Matthioli y fut enfermé, et l'on a un aperçu du régime auquel étaient soumis les deux catégories de prisonniers qui l'habitaient. Fouquet et Lauzun jouissaient d'une liberté relative et de faveurs toutes spéciales, lesquelles ne s'étendaient pas à leurs codétenus, traités comme des prisonniers vulgaires, pauvrement meublés et souvent exposés aux menaces et aux injures de leurs surveillants. C'est ainsi, d'après les recommandations expresses de Louvois, que Saint-Mars dut en user avec Matthioli. Aussi, moins d'un an après son arrestation, le captif se plaignait-il de ce qu'on ne le traitait pas en homme de sa qualité et ministre d'un grand prince ; il donnait les preuves d'un commencement d'aliénation mentale, disant qu'il était proche parent du Roi et qu'il parlait tous les jours à Dieu et aux anges[2] ; enfin il s'emportait contre son geôlier et le menaçait. Instruit de ce dernier fait par Saint-Mars, Louvois répondit : J'admire votre patience et que vous attendiez un ordre pour traiter un fripon comme il le mérite, quand il vous manque de respect[3].

Voilà, on l'avouera, qui cadre peu avec les respects et les égards que, selon la tradition, Saint-Mars et Louvois lui-même témoignaient au Masque de fer, et, dès à présent, il semble bien qu'il faut admettre de deux choses l'une : ou Matthioli n'est pas le prisonnier masqué, ou la tradition est complètement erronée.

Les ordres rigoureux de Louvois furent exécutés à la lettre. Le prisonnier s'étant de nouveau emporté contre ses gardiens, Blainvilliers le menace d'une rude discipline s'il n'est plus sage et modéré dans ses paroles, et Saint-Mars écrit au ministre : J'ai chargé Blainvilliers de lui dire, en lui faisant voir un gourdin, qu'avec cela l'on rendait les extravagants honnêtes, et que, s'il ne le devenait, l'on saurait bien le mettre à la raison[4].

La malheureux prisonnier, un jour que le lieutenant lui sert à dîner, imagine de lui offrir une bague de prix, celle-là peut-être qu'il avait reçue de Louis XIV. Blainvilliers la prend, mais il lui explique aussitôt que c'est pour la remettre au gouverneur.

Deux mois avant ce petit événement, Louvois, pour éviter l'entretien de deux aumôniers, avait prescrit de mettre le sieur de Lestang dans la tour d'en bas et

---

[1] Lettre de Saint-Mars, du 12 avril 1670. Elle est incomplète dans Delort, t. I, p. 469, de l'*Histoire de la détention des philosophes*. Voyez celle de Louvois, du 26 mars 1670, et les recherches de Roux-Fazillac, qui relate la plupart des lettres relatives aux quatre prisonniers dont il vient d'être question.
[2] Lettre de Saint-Mars du 24 février 1680.
[3] Lettre du 10 juillet 1680.
[4] Lettre du 26 octobre 1680.

dans la même chambre que le jacobin[1]. Saint-Mars exécuta immédiatement les ordres du ministre et se hâta de lui en donner avis par une lettre que nous citerons textuellement :

> Depuis que monseigneur m'a permis de mettre Mania avec le jacobin dans la tour d'en bas, ledit Matthioli a été quatre ou cinq jours à croire que le jacobin était un homme que j'avois mis avec lui pour prendre garde à ses actions. Matthioli, qui est presque aussi fou que le jacobin, se promenoit à grands pas, son manteau sur le nez, en disant qu'il n'étoit pas une dupe, qu'il en savoit plus qu'il n'en vouloit dire. Le jacobin, qui est toujours assis sur son grabat, appuyé les deux coudes sur ses genoux le regardoit gravement sans l'écouter.
>
> Le signor Matthioli, étant toujours persuadé que c'étoit un espion qu'on lui avait donné, fut désabusé lorsque le Jacobin, un jour descendit de son lit tout nue et se mit à prêcher tant qu'il pouvoit des choses sans rime et sans raison. Moi et mes lieutenants avons vu toutes leurs manœuvres par un trou au-dessous de la porte[2].

Nous tirerons de cette lettre plusieurs déductions dont on comprendra bientôt l'intérêt : 1° Saint-Mars, dès 1680, sait parfaitement le véritable nom de son prisonnier et ne se fait aucun scrupule de le désigner par ce nom ; 2° Matthioli et le jacobin sont malades l'un et l'autre et donnent des signes d'aliénation mentale ; 3° enfin, ces deux prisonniers habitent ensemble une seule et même chambre. Cette habitation en commun n'a pas peu contribué à l'erreur dans laquelle sont tombés Delort et tous ceux qui, à sa suite, ont vu l'homme au masque dans Matthioli.

III

Au mois de mai 1681, quinze jours environ après que Lauzun eut quitté Pignerol, le gouvernement d'Exiles, place forte du Dauphiné, étant devenu vacant par la mort du duc de Lesdiguières, le Roi l'accorde à Saint-Mars, à qui Louvois s'empresse de faire part de cette faveur[3] Il le prévient en même temps qu'il a donné ordre au sieur du Channoy d'aller avec lui visiter les bâtiments de la prison d'Exiles et d'y faire un mémoire des réparations absolument nécessaires pour le logement des deux prisonniers de la tour d'en bas, qui, dit-il, sont, je crois, les seuls que Sa Majesté fera transférer à Exiles.

Le ministre ajoute ce curieux détail, qui jette un triste jour sur l'incurie de la police à cette époque. Ignorant les motifs de la détention des prisonniers détenus à Pignerol — il ignorait jusqu'à leur nombre et qu'il n'y en avait alors que cinq en tout —, il demande à Saint-Mars de lui faire connaître ce qu'il peut savoir des motifs pour lesquels ils ont été arrêtés. Seuls, Matthioli et son compagnon, le

---

[1] Lettre du 16 août 1680.
[2] Lettre du 12 mai 1681.
[3] Lettre du 12 mai 1681. Par cette faveur, Saint-Mars devenait gouverneur de place forte, de simple gouverneur de prison qu'il était jusque-là.

jacobin, lui sont bien connus : A l'égard des deux de la tour d'en bas, vous n'aurez qu'à les marquer de ce nom, sans y mettre autre chose.

Quelques jours après, par lettre du 9 juin, il règle les mesures de précaution qui seront adoptées pour le transport à Exiles de ces deux captifs : ils sortiront de la citadelle de Pignerol enfermés dans une litière, escortés par la compagnie dont Saint-Mars est le capitaine. Ce dernier pourra faire porter à Exiles les hardes qu'il a entre les mains et qui appartiennent à Matthioli, pour les lui pouvoir rendre si jamais Sa Majesté ordonnait qu'il fût mis en liberté.

Le nouveau gouverneur d'Exiles fait ses préparatifs de voyage, décidé à quitter Pignerol vers la fin d'août, quand intervient un événement qui le force à remettre son départ à la fin d'octobre. Il est prévenu que Catinat va venir une seconde fois, sous un nom supposé, jouer à Pignerol le rôle d'un prisonnier d'État :

> Le Roi ayant ordonné à M. de Catinat de se rendre au premier jour à Pignerol pour la mesme affaire qui l'y avoit mené au commencement de l'année 1679, je vous fais ces lignes, par ordre de Sa Majesté, pour vous en donner advis, afin que vous lui prépariez un logement dans lequel il puisse demeurer caché pendant trois semaines ou un mois[1].

Quel est exactement le sens de ces mots : la mesme affaire qui l'y avoit mené au commencement de l'année 1679 ? Le but principal et tout politique de la nouvelle mission qu'allait remplir Catinat, personne ne l'ignore aujourd'hui. Il s'agissait, pour le gouvernement de Louis XIV, de prendre sa revanche de l'échec qu'il avait subi deux ans auparavant. Le duc de Mantoue, toujours aux expédients, avait consenti à reprendre les négociations pour la cession de Casai, rompues par la trahison de Matthioli. Catinat, mandé de Flandre une seconde fois, pour aller prendre possession de cette place forte, devait attendre à Pignerol que le marquis de Houillers fût entré dans Casai avec les troupes qu'il avait charge d'y conduire. Il y avait le plus grand intérêt à entourer sa mission et son séjour à Pignerol du plus profond mystère : on devait, en effet, tromper la vigilance de la cour de Turin, très-voisine du théâtre des événements qui se préparaient, et celle non moins inquiète des Allemands, des Espagnols, des Vénitiens et des Génois. Comment expliquer dès lors que Louvois ait confié le but de cette mission à un agent aussi subalterne que l'était le capitaine Saint-Mars ? Où était l'utilité, la nécessité de cette confidence, dont les dangers sont si manifestes ? Lorsque, en 1679, Catinat était arrivé à Pignerol sous un nom supposé, et comme un prisonnier d'État, Saint-Mars n'avait point été informé du motif de la réclusion momentanée de cet officier : il n'avait pas même appris officiellement son véritable nom. Le ministre s'était borné à prescrire les mesures propres à distraire un peu le prétendu Richemont des ennuis de sa captivité.

Pour le geôlier Saint-Mars, le motif qui, en 1679, avait amené Catinat à Pignerol, c'était l'arrestation d'un condamné politique. De toutes les péripéties des négociations entreprises à cette époque, c'était là le seul point dont il eût été officiellement informé. Qu'on se reporte à la lettre du 27 avril 1679, que nous avons analysée plus haut, et l'on se convaincra que, aux yeux du ministre, Saint-Mars ne connaissait rien de plus de l'affaire. C'était Catinat, aidé de l'abbé de

---

[1] Lettre de Louvois, du 13 août 1681. Catinat se présenta d'abord sous le nom de Guibert ; mais bientôt après il reprit celui de Richemont, qu'il avait porté lors de son premier séjour à Pignerol, et c'est sous ce faux nom que le ministre lui écrivit.

Montesquiou, délégué par l'abbé d'Estrades, qui avait dirigé dans les ombres du donjon de Pignerol les interrogatoires de Matthioli, et qui les avait transmis au ministre1. Saint-Mars était demeuré étranger à cette instruction. De l'entreprise dont Matthioli avait été l'agent, il ne connaissait que le dénouement ; on tenait si bien à lui laisser ignorer le reste, qu'après avoir confié à son lieutenant le soin de recouvrer les pièces importantes cachées à Padoue, Catinat s'était ravisé et avait chargé de cette mission un affidé de l'abbé d'Estrades. Que Saint-Mars, par suite de ses entretiens avec son prisonnier, ait pénétré les secrets motifs de son arrestation, il n'y a rien là que de vraisemblable ; mais, encore une fois, pour le ministre, il était censé ignorer ces motifs. Cela est si vrai que, dans la lettre où Louvois lui demandait, avec la liste des prisonniers gardés à Pignerol, les raisons pour lesquelles ils étaient détenus, il ajoutait, comme on l'a vu : A l'égard des deux de la tour d'en bas, vous n'avez qu'à les marquer de ce nom, sans y mettre autre chose.

Il est donc permis de supposer que, dans la pensée de Louvois, ces mots relatifs à Catinat : la mesme affaire qui l'y avoit mené au commencement de 1679, s'appliquent, non à la cession prochaine de Casai, dont il est tout à fait invraisemblable qu'un ministre tellement discret et circonspect ait entretenu un agent aussi obscur que l'était Saint-Mars, mais à la remise entre les mains de ce dernier d'un nouveau prisonnier d'État arrêté soit pour fait d'espionnage, soit pour toute autre cause relative à la cession projetée. On va voir que les faits sont d'accord avec cette hypothèse.

Pendant ou peu après le séjour de Catinat à Pignerol, un des deux prisonniers gardés dans la tour d'en bas disparut de cette forteresse : un nouveau prisonnier y fut introduit.

Qu'on lise avec attention la lettre suivante, écrite par Louvois à Saint-Mars, le 20 septembre 1681, dix jours avant l'entrée des Français à Casal :

> Ce mot est seulement pour accuser la réception de vostre lettre du. 16 de ce mois. Le Roi ne trouvera point mauvais que vous alliez voir de temps en temps *le dernier prisonnier que vous avez entre les mains* lorsqu'il sera establiy dans sa nouvelle prison et dès qu'il sera parti de celle où vous le tenez. Sa Majesté désire que vous exécutiez l'ordre qu'elle vous a envoyé pour vostre établissement à Exiles. Je vous prie de rendre le paquet ci-joint en mains propres à M. de Richemont2.

Ainsi, et quel que soit le sens qu'on attribue à la phrase équivoque que nous venons de discuter, un fait reste certain : c'est qu'à la date du 20 septembre, il n'y a plus qu'un prisonnier d'État à Pignerol. Les mots que nous avons soulignés dans la lettre qui précède, comme si clairs et si décisifs : *le dernier prisonnier que vous avez entre les mains*, ne permettent aucun doute sur ce point.

Un temps très-court s'écoule, et Saint-Mars a de nouveau deux prisonniers d'État sous sa garde. Cela résulte, avec la dernière évidence, de la phrase suivante, qui commence une lettre par lui écrite à Louvois, et datée d'Exiles, le Il mars 1682, cinq mois après que Catinat eut quitté Pignerol pour devenir gouverneur des

---

1 Lettre de Catinat à Louvois, dans DELORT. (*Masque de fer*, p. 220.)
2 Cette lettre et celle qui suit ont été publiées par Delort, qui n'en a point aperçu l'importance ni la conséquence logique. Il les avait tirées des Archives nationales, K, 129. Voir son *Histoire de l'homme au masque de fer*, p. 278, 279.

armes du Roi dans la citadelle et château de Casal, et des troupes résidant dans la ville :

> J'ai reçu celle qu'il vous a plu me faire l'honneur de m'écrire le 27 du passé, par laquelle vous me mandez, Monseigneur, qu'il est important que *mes deux prisonniers n'aient aucun commerce*.

Un nouveau prisonnier d'État a donc été remis à Saint-Mars dans l'espace de temps compris entre le 20 septembre 1681 et le 27 février 1682. Que ce soit Catinat ou tout autre qui l'ait conduit à Pignerol, peu importe : toujours est-il que son introduction dans cette citadelle concorde, à peu de chose près, avec le séjour qu'y fit l'illustre guerrier.

Des deux prisonniers primitifs, celui qui a disparu, soit par décès, soit par translation dans une autre résidence. celui-là ne peut être que le jacobin, car Louvois changea subitement d'idée à l'égard de Matthioli ; il renonça à l'envoyer à Exiles avec Saint-Mars et le laissa à Pignerol, où il était encore à la fin du mois de décembre de l'année 1693, ainsi qu'on va le voir.

Sur l'introduction à Pignerol d'un nouveau prisonnier vers le temps où Catinat résidait dans ce château fort, une objection sérieuse m'a été faite.

Dans son livre sur le Masque de fer, publié postérieurement à l'article de Revue dont cette étude reproduit les principaux passages, M. Marius Topin expose en note (p. 336) qu'après de longues réflexions, après avoir longtemps partagé mon opinion sur ce point, il l'avait ensuite abandonnée, ayant trouvé, de la missive où Louvois parle du dentier prisonnier restant à Pignerol, une explication qui donne à cette dépêche un sens nouveau et inattendu. J'ai fini par admettre, dit-il, que le mot prisonnier n'est pas pris ici par Louvois dans son sens ordinaire, mais bien dans un sens figuré ! C'est Catinat lui-même qui est ce prisonnier. Les mots sa nouvelle prison dont se sert le ministre indiquent la ville de Casal, dont Catinat devenait gouverneur, séjour assez monotone pour qu'il le considérât comme une prison.

Cela n'est-il pas trop subtil et trop recherché pour être vrai ? Comment croire que Louvois, dans une dépêche officielle, ait joué ainsi sur les mots et se soit livré à ce badinage d'esprit ? Était-il dans les habitudes d'un ministre de Louis XIV, et surtout de celui-là, d'adresser des énigmes à ses subordonnés ? Si le secrétaire d'État voulait prendre encore quelques précautions contre la divulgation du mystère dont il entourait Catinat, puisqu'il était convenu depuis longtemps de lui donner le faux nom de Richemont, que n'écrivait-il tout simplement : Je vous prie de rendre le paquet ci-joint en mains propres à M. de Richemont ; vous pourrez lui faire visite dès qu'il sera établi dans sa nouvelle résidence.

Puis, l'explication de M. Topin, tout ingénieuse qu'elle soit, ne rend pas compte des mots : *le dernier prisonnier que vous avez entre les mains*. Catinat, dans l'hypothèse où se place M. Topin, n'était pas le seul, le dernier prisonnier que Saint-Mars eût sous sa garde ; ce geôlier en avait pour le moins un autre encore, et cet autre était Matthioli, puisque ce traitre était encore à Pignerol en 1693, quand Saint-Mars avait déjà depuis longues années quitté cette forteresse[1].

---

[1] C'est M. Topin lui-même, ainsi que je le dis plus loin, qui a fourni la preuve de ce fait, car pour moi j'avais d'abord supposé que Matthioli était mort à Exiles, vers 1687, et cela sur la foi de Louis DUTENS, dans ses *Mémoires d'un voyageur qui se repose*, p. 204-211, et du Père PAPON dans son *Voyage littéraire de Provence*.

L'auteur que je combats ici, prévoyant sans doute l'objection, imagine, il est vrai, que Matthioli était dès lors confié à Villebois, qui devait prendre provisoirement le commandement de Pignerol après le départ de son supérieur ; mais il est trop évident que Villebois n'exerça ses fonctions intérimaires que lorsque son prédécesseur fut parti pour Exiles, c'est-à-dire cinq ou six semaines après la date de la dépêche de Louvois. Jusque-là, Matthioli fut sous la garde et la responsabilité du gouverneur en titre, et non sous celles de son futur successeur, et le ministre ne pouvait pas dire de Catinat qu'il était le dernier prisonnier qui fût entre les mains de Saint-Mars.

Il se peut toutefois que je me trompe et que M. Topin ait rencontré juste. Son explication après tout n'est point insoutenable, grâce surtout aux circonstances accessoires dont il la corrobore, aux étais dont il l'appuie. Mais fût-elle démontrée conforme à la vérité, je ne vois pas en quoi cette démonstration nuirait à l'économie générale de mes déductions. Matthioli, dans tous les cas, n'en reste pas moins à Pignerol jusqu'en 1693, et il y a toujours à Exiles, pendant qu'il est dans la première de ces deux citadelles, un captif mystérieux, plus mystérieux qu'il ne l'a jamais été, un inconnu sur qui l'imagination publique s'exerce, et rien ne prouve toujours que Matthioli ait jamais été substitué à ce malheureux, ni qu'il ait été transféré à la Bastille.

Le gouvernement tient d'une façon toute particulière à la bonne garde de ce détenu. Ce n'est pas pour un prisonnier sans conséquence, ce n'est pas pour un vulgaire escroc tel qu'était ce jacobin, compagnon primitif de Matthioli, ce n'est pas pour des drôles tels que ces merles dont Saint-Mars parle avec dédain dans une lettre antérieure de quatre mois à son départ de Pignerol[1], ce n'est pas pour d'aussi vulgaires criminels que le ministre eût prescrit les mesures que nous l'allons voir recommander à Saint-Mars, et dont ce geôlier n'avait point usé jusque-là. Du jour où un nouveau prisonnier vient partager le sort de celui qui restait sous les verrous, le gouverneur, sur l'ordre de Louvois, a recours à des précautions spéciales et bien plus sévères que celles dont il se contentait pour les deux premiers. Le régime du secret absolu est appliqué dans toute sa rigueur. Au lieu de loger ses malheureux hôtes dans une même chambre, Saint-Mars doit, au contraire, veiller à ce qu'ils n'aient aucun commerce. Depuis le commencement que monseigneur m'a fait ce commandement-là, écrit-il, j'ai gardé ces deux prisonniers aussi sévèrement et exactement que j'ai fait autrefois MM. Fouquet et Lauzun. (Lettre du 11 mars 1682.)

Cette phrase n'indique-t-elle pas clairement que le nouveau prisonnier est un personnage au rigoureux isolement duquel s'attache un intérêt exceptionnel, puisqu'on emploie à son égard les mêmes précautions dont on se servait pour Fouquet et Lauzun ?

Mes prisonniers, ajoute Saint-Mars, peuvent entendre parler le monde qui passe au chemin qui est au bas de la tour où ils sont ; mais eux, quand ils le voudroient, ne sauroient se faire entendre ; ils peuvent voir les personnes qui seroient sur la montagne qui est au devant de leurs fenêtres, mais on ne sauroit les voir, à cause des grilles qui sont au devant de leurs chambres.

Ces derniers mots prouvent bien que les prisonniers ne vivent point en commun comme leurs prédécesseurs.

---

[1] Lettre du 25 juin 1681, citée par M. Topin, p. 329 de son livre.

Deux sentinelles se promènent nuit et jour des deux côtés de la tour ; elles ont ordre d'empêcher les passants de s'arrêter devant les fenêtres des deux reclus. La chambre de Saint-Mars touche à la tour où ils sont enfermés ; de la fenêtre de cette chambre, il voit à la fois ce qui se passe sur le chemin et ce que font les sentinelles. Il a même pris soin de séparer en deux l'intérieur de la tour, le noyau central sur lequel ouvrent les deux cellules, de manière que le prêtre qui dira la messe aux captifs ne puisse les apercevoir. Les domestiques chargés de préparer leur nourriture mettent les plats sur une table placée à la porte des prisonniers, où le lieutenant de Saint-Mars les prend ensuite pour les leur porter.

La lettre d'où sont tirés ces détails se termine par ces mots : Pour leur linge et autres nécessités, mêmes précautions que je faisais pour mes prisonniers du passé.

A défaut d'autre preuve, cette phrase ne suffirait-elle pas pour indiquer que les prisonniers d'Exiles ne sont pas ceux du passé ? Une autre remarque semble ici s'imposer au lecteur. Voilà deux condamnés gardés exactement par les mêmes procédés, logés côte à côte, soignés, nourris de la même façon. Il n'y a qu'un seul des deux cependant qui puisse être le Masque de fer. Ce mystérieux captif ne fut donc point, au moins tant qu'il résida dans la citadelle d'Exiles, l'objet d'un traitement exceptionnel, et l'on doit, dès à présent, pressentir que le régime auquel il fut soumis n'était pas une anomalie dans les pénalités de cette époque, mais un système légal, s'étendant à tous les condamnés de sa catégorie.

Les deux captifs tombent malades : un médecin vient les visiter en présence de Saint-Mars. Il a son domicile à Pragelas, village situé à six lieues d'Exiles : on a voulu qu'il résidât aussi loin que faire se pouvait du lieu qu'habitent les malheureux auxquels il donne ses soins. Le 23 décembre 1685, le gouverneur mande au ministre : Mes prisonniers sont toujours malades et dans les remèdes ; du reste, ils sont dans une grande quiétude. Il y a encore là un indice que l'un de ces prisonniers n'est pas le jacobin qui, comme on l'a vu, donnait, dès 1680, des signes d'agitation et de folie.

IV

Le 20 janvier 1687, Saint-Mars, qui depuis cinq ans commande à Exiles, apprend que le Roi vient de lui conférer le gouvernement des Iles Honorat et Sainte-Marguerite dans la mer de Provence. Il se hâte d'en remercier Louvois, et il ajoute : Je donnerai si bien mes ordres pour la garde de mon prisonnier, que je puis bien vous en répondre, Monseigneur, pour son entière sûreté et même pour l'entretien que je l'ai toujours empêché d'avoir avec mon lieutenant, à qui j'ai défendu de lui jamais parler, ce qui s'exécute ponctuellement.

Ainsi, des deux prisonniers qui, au 23 décembre, étaient entre les mains de Saint-Mars, malades tous deux et dans les remèdes, l'un est mort soit en 1686, soit en janvier 1687, puisqu'au 20 de ce mois, il n'y a plus à Exiles qu'un seul prisonnier d'État.

Ce dernier prisonnier de Saint-Mars, celui que nous suivrons tout à l'heure à la Bastille, arriva aux îles Honorat et Marguerite, en compagnie de son gardien, le 30 avril 1687, après un voyage de douze jours, pendant lequel le malheureux, déjà très-souffrant à son départ, avait toujours été malade par suite du défaut d'air : il voyageait enfermé dans une chaise de toile cirée. En donnant avis au ministre de cette arrivée, Saint-Mars ajoutait : Je puis vous assurer, Monseigneur, que personne au monde ne l'a vu, et que la manière dont je l'ai gardé et conduit fait que chacun cherche à savoir qui peut être mon prisonnier.

Le personnage si bien dérobé à tous les regards n'est pas Matthioli, car cet ancien diplomate est demeuré à Pignerol, confié d'abord à la garde du sieur de Villebois, puis à celle du sieur Laprade. Cela résulte d'une lettre en date du 27 décembre 1693 adressée à ce dernier par le ministre successeur de Louvois, lequel était mort le 16 juillet 1691. Cette lettre a été découverte et publiée par M. Marius Topin, dans son livre sur le Masque de fer. On y lit : Vous n'avez qu'à brusler ce qui vous reste des petits morceaux des poches sur lesquelles le nommé Matthioli et son homme (son valet) ont escrit. Avec ce document finit l'histoire certaine de Matthioli ; son nom, à partir de cette dépêche, disparaît de la correspondance officielle, et, de toutes les conjectures qui ont été faites sur son sort ultérieur, la plus vraisemblable est toujours qu'il resta à Pignerol jusqu'à la fin de ses jours. Cette conjecture est confirmée dans une certaine mesure par Muratori, lequel rapporte une tradition d'après laquelle Matthioli serait mort en prison et avant la nomination de Saint-Mars au gouvernement de la Bastille, c'est-à-dire avant l'année 1698. Elle l'est surtout par deux documents qu'on lira à la fin de ce volume, et qui tendent à prouver que cette mort eut lieu en 1694, au moment où Laprade venait de recevoir l'ordre de conduire le prisonnier aux îles.

On le sent dès à présent et l'on s'en convaincra mieux encore en lisant ma dernière étude, les vraisemblances les plus pressantes établissent que le prisonnier qui fut transféré des îles Sainte-Marguerite à la Bastille, en 1698, n'était point l'ancien ministre du duc de Mantoue, mais l'inconnu amené aux îles en avril 1687, et sur qui l'attention publique est dès lors éveillée par le mystère dont on l'entoure, celui que les ordres adressés à Saint-Mars par le cabinet du Roi désignent toujours par ces vagues expressions : votre prisonnier ou votre prisonnier de Provence. Et comme le registre d'écrou de la Bastille, dont nous parlerons tout à l'heure, prouve que c'est bien à Pignerol que la captivité de cet inconnu avait commencé, on est conduit à supposer qu'il est bien celui qui était entré dans cette dernière forteresse, en 1681, au moment où Catinat y résidait pour la seconde fois. Mais cette hypothèse, je le répète, ne tient que très-accessoirement au fond de la question ; fût-elle démontrée fausse, il n'en résulterait rien de probant en faveur de l'identification de Matthioli avec le prisonnier qui, en l'année 1698, fut conduit par Saint-Mars à la Bastille.

Arrivé à ce point, le lecteur sera sans doute amené à réfléchir sur l'explication donnée par Voltaire au problème du Masque de fer, et à se dire que tant de précautions devaient avoir pour but de couvrir un important secret d'État. Cet incognito si scrupuleusement maintenu, l'absence dans la correspondance ministérielle et sur les registres du secrétariat d'une dénomination précise pour désigner le malheureux prisonnier, la manière dont on le fit voyager, l'espèce de mystère dont il fut entouré, tant en Provence qu'à la Bastille, le masque qu'on va bientôt lui voir imposer, toutes ces particularités semblent autant d'arguments en faveur du système de Voltaire. Qu'on ne se hâte pas toutefois de prononcer. Pour le faire avec fondement, il faut préalablement connaître le régime intérieur des prisons d'État sous Louis XIV, et en particulier celui de la Bastille. Nous l'exposerons dans la seconde partie de cette étude ; mais, dès à présent, nous pouvons dire que le secret était l'essence même de ce régime. Le mystérieux prisonnier fut condamné au secret absolu, et c'est en cela seulement que son sort différa de celui de Matthioli et de celui de beaucoup d'autres détenus qui n'eurent à subir qu'un régime moins sévère, le secret mitigé par certains tempéraments.

V

Des deux hypothèses qui subsistent encore sur le Masque de fer, on voit ce qui reste de la première quand la main scrupuleuse de la critique en a rapproché et pesé tous les éléments. Reste à examiner la seconde, celle qui fait du mystérieux prisonnier un frère de Louis XIV. L'autorité qui s'attachait au nom et au talent de Voltaire a donné à ce système une popularité qui subsiste encore.

Dans la première édition du *Siècle de Louis XIV*, publiée en 1751, il avait raconté le fait du Masque de fer, en déclarant n'en point connaître de plus extraordinaire ni de mieux constaté, et en l'appuyant de particularités à lui fournies par M. de Bernaville, successeur de Saint-Mars dans le gouvernement de la Bastille, et par un vieux médecin de cette forteresse, qui avait soigné le prisonnier et n'avait jamais vu son visage, quoiqu'il eût souvent examiné sa langue et le reste de son corps. Du reste, l'illustre écrivain ne risquait aucune explication du mystère ; mais il jetait déjà les premiers jalons de celle qu'il devait développer plus tard, en affirmant que la captivité du prisonnier masqué avait commencé quelques mois après la mort du cardinal Mazarin, et qu'à cette époque, il ne disparut dans l'Europe aucun personnage considérable.

L'auteur du *Siècle de Louis XIV* avait été mal renseigné sur plusieurs points importants, et lui-même le reconnut lorsque le P. Griffet eut communiqué au public les premiers documents authentiques qui aient été produits sur le prisonnier masqué.

Si quelqu'un était capable de lever un coin du voile étendu sur la malheureuse victime, c'était, à ce qu'il semble, ce Jésuite, qui exerça pendant neuf ans l'emploi délicat de confesser des prisonniers renfermés à la Bastille : ces derniers mots sont de Voltaire. Éditeur de l'*Histoire de France* de Daniel, auteur d'une *Histoire de Louis XIII*, que celle de M. Bazin n'a point fait oublier, le P. Griffet était doué d'un esprit judicieux et investigateur. Il a, l'un des premiers, posé les véritables bases de la critique historique dans son *Traité des différentes preuves qui servent à établir la vérité de l'histoire*, ouvrage publié à Liège en 1766. Le chapitre XIII de cet ouvrage est entièrement consacré à l'*Examen de l'anecdote de l'homme au masque*.

Pour contredire avec autorité quelques-unes des assertions de Voltaire, le P. Griffet cita un journal rédigé tout entier de la main de M. Dujonca, celui-là même dont il est parlé dans les lettres de madame de Sévigné, lequel était lieutenant de Roi à la Bastille lorsque le prisonnier inconnu y arriva.

De tout ce qui a été dit ou écrit sur cet homme au masque, dit avec raison le P. Griffet, rien ne peut être comparé, pour la certitude, à l'autorité de ce journal. C'est une pièce authentique, c'est un homme en place, un témoin oculaire qui rapporte ce qu'il a vu, dans un journal écrit tout entier de sa main, où il marquait chaque jour ce qui se passait sous ses yeux.

A ce précieux document, le P. Griffet en joignait un autre non moins précis, l'extrait des registres de sépulture de la paroisse Saint-Paul, qui était celle de la Bastille. Cet extrait apprenait, avec la plus complète certitude, que le prisonnier masqué était mort le 19 novembre 1703, et qu'on lui avait attribué, sur le registre des décès, le nom de Marchialy et l'âge de quarante-cinq ans environ[1].

Rentrant ensuite dans son rôle de critique, le P. Griffet démontrait sans peine que la malheureuse victime politique, inhumée sous un nom très-probablement falsifié à dessein, n'était ni le duc de Beaufort, tué par les Turcs à la défense de Candie en 1669, ni le duc de Monmouth, exécuté publiquement à Londres en 1685. Mais il se déclarait ouvertement pour une version déjà indiquée dans un roman anonyme publié en 1745, à Amsterdam, sous le titre de *Mémoires secrets pour servir à l'histoire de Perse*, et qui est le premier ouvrage où il ait été fait mention de l'histoire du prisonnier masqué. Suivant ce roman et suivant le P. Griffet, le comte de Vermandois, fils naturel de Louis XIV, aurait été puni par une détention perpétuelle d'une injure grave faite à un prince du sang, un soufflet donné au Dauphin. Sa détention aurait commencé en 1683.

Voltaire ne fit point difficulté de reconnaître ses erreurs, et il les rectifia bientôt dans la septième édition de son *Dictionnaire philosophique*, où l'histoire du Masque de fer fut ajoutée à l'article *Anecdotes*. Il avoua que le prisonnier inconnu avait d'abord été enfermé à Pignerol avant de l'être aux net Sainte-Marguerite et ensuite à la Bastille. Il montra sans peine que ce prisonnier ne pouvait être le comte de Vermeil-dois, mort publiquement de la petite vérole, en

---

[1] Ce registre est aujourd'hui déposé aux archives de l'état civil du département de la Seine. On y lit, au folio 50 :
MARCHIALI. Le 19e, Marchialy, âgé de quarante-cinq ans ou environ, est décédé dans la Bastille, duquel le corps a esté inhumé dans le cimetière de Saint-Paul, sa paroisse, le 20e du présent, en présence de M. Rosarge, major de la Bastille, et de M. Reilhe, chirurgien-major de la Bastille, qui ont signé. — ROSARGE, REILHE.
Les registres tenus par Dujonca (ou plutôt Du Junca) sont conservés à la Bibliothèque de l'Arsenal. Nous reproduisons ici, en respectant les incorrections de l'orthographe, les passages relatifs au prisonnier masqué.
Extrait du 1er registre, f° 37. — Du jeudi 18e de sept. (1698), à trois heures après midy, monsieur de Saint-Mars, gouverneur de la Bastille, est arrivé pour sa première entrée, venant de son gouvernement des Illes Sainte-Marguerite-Honorat, aient mené avecque lui dans sa litière un ensien prisonnier qu'il avet à Pignerol, lequel il feit tenir toujours masqué, dont le nom ne se dit pas, et l'aient fait mettre en descendant de la litière dans la première chambre de la tour de la Basinnière, en attendant la nuit pour le mettre et mener moy mesme, à neuf heures du soir, avec M. de Rosarges, un des sergens que M. le gouverneur a mené, dans la troisième chambre sud de la tour de la Beteaudière, que j'aves fait meubler de toute choses quelques jours avant son arrivez, en aient rescu l'ordre de M. de Saint-Mars, lequel prisonnier sera servy et soinié par M. de Rosarge, que monsieur le gouverneur norira.
Extrait du 2e registre, f° 80. — Du mèsme jour Lundy, 19e de novembre 1703, le prisonnier inconnu, toujours masqué d'un masque de velours noir, que M. de Saint-Mars, gouverneur, a mené avecque luy en venant des Iles Sainte-Marguerite, qu'il gardet depuis longtemps, lequel setant trouvé hier un peu mal en sortant de la messe, il est mort sejour-d'hui sur les dix heures du soir, sans auoir eu une grande maladie ; il ne sé peut pas moins M. Giraut, nostre homonier, le confessa hier ; surpris de sa mort, il n'a point rescu les sacremens, et nostre homonier l'a exorté un moment avend que de mourir, et ce prisonnier inconeu gardé depuis si longtemps, a esté enterré le mardy, a quattre heures de la près midy, 20e novembre, dans le simetière Saint-Paul, nostre paroisse. Sur le registre mortuel on a donné un nom ausy inconeu, que M. de Rosarges, maior, et un véil sirugrien qui hont signé sur le registre.
En marge, Dujonca a ajouté :
Je apris des depuis con levet nome sur le registre M. de Marchiali, que on a paie 40 liv. danterement.

1683, à l'armée, et enterré dans le chœur de l'église d'Arras. Il ajouta enfin ces lignes remarquables :

Il est clair que si on ne le laissait passer dans la cour de la Bastille, si on ne lui permettait de parler à son médecin que couvert d'un masque, c'était de peur qu'on ne reconnût dans ses traits quelque ressemblance trop frappante. Il pouvait montrer sa langue et jamais son visage. Pour son âge, il dit lui-même à l'apothicaire de la Bastille, peu de jours avant sa mort, qu'il croyait avoir environ soixante ans, et le sieur Marsolan, chirurgien du maréchal de Richelieu, et ensuite du duc d'Orléans régent, gendre de cet apothicaire, me l'a redit plus d'une fois. Enfin, pourquoi lui donner un nom italien ? On le nomma toujours Marchiali. Celui qui écrit cet article en sait peut-être plus que le P. Griffet et n'en dira pas davantage.

Voltaire ne tarda pas cependant à en dire davantage L'anecdote sur le Masque de fer fut en effet suivie d'une addition de l'éditeur qui parut dans l'édition du *Dictionnaire philosophique* publiée à Genève en 1771 :

Le Masque de fer (c'est l'éditeur qui parle) était sans doute un frère, et un frère aîné de Louis XIV, dont la mère avait ce goût pour le linge fin sur lequel Voltaire appuie. Ce fut en lisant les Mémoires de ce temps, qui rapportent cette anecdote au sujet de la Reine, que, me rappelant ce même goût du Masque de fer, je ne doutai plus qu'il ne fût son fils, ce dont toutes les autres circonstances m'avaient déjà persuadé.

Le prétendu éditeur, qui n'est autre que Voltaire lui-même, esquisse ensuite la manière dont les faits ont dû se passer : On sait que Louis XIII n'habitait plus depuis longtemps avec la Reine ; que la naissance de Louis XIV ne fut due qu'à un heureux hasard habilement amené. Voici donc comment je crois que la chose sera arrivée : la Reine aura pu s'imaginer que c'était par sa faute qu'il ne naissait point d'héritier à Louis XIII. La naissance du Masque de fer l'aura détrompée. Le cardinal, à qui elle aura fait confidence du fait, aura su, par plus d'une raison, tirer parti de ce secret ; il aura imaginé de tourner cet événement à son profit et à celui de l'État. Persuadé, par cet exemple, que la Reine pouvait donner des enfants au Roi, la partie qui produisit le hasard d'un seul lit fut arrangée en conséquence. Mais la Reine et le cardinal, également pénétrés de la nécessité de cacher à Louis XIII l'existence du Masque de fer, l'auront fait élever en secret. Ce secret en aura été un pour Louis XIV jusqu'à la mort du cardinal de Mazarin... On devine le reste. Louis XIV devait ou abdiquer en faveur de son frère aîné ou le faire déclarer illégitime ; il choisit le moyen le plus sage et le plus juste pour assurer sa propre tranquillité et celle de l'État.

Il n'est pas nécessaire d'être doué d'un esprit critique large, pénétrant pour remarquer la principale contradiction qui existe entre ce système développé par l'éditeur du *Dictionnaire philosophique*, et les détails relatifs au Masque de fer, que Voltaire avait donnés tant dans ce dictionnaire que dans le *Siècle de Louis XIV*.

Si le Masque de fer avait environ soixante ans au jour de sa mort, arrivée le 19 novembre 1703, il était dune né vers 1643. Or, Louis XIV est né cinq ans auparavant, le 16 septembre 1638. Ce ne serait donc pas la naissance du Masque de fer qui aurait détrompé Anne d'Autriche de l'idée que c'était par sa faute qu'il ne naissait point d'héritier à Louis XIII.

Au fond, toutefois, cette contradiction n'infirme que l'explication donnée à la naissance de Louis XIV. Un homme dont la vie presque entière s'était écoulée dans la solitude d'une prison n'avait peut-être pas une exacte notion du temps : le Masque de fer pouvait avoir plus de soixante ans à sa mort, et sa naissance être, comme Voltaire le supposait, antérieure à celle de son frère couronné. Il faut dire toutefois que cet âge de soixante ans s'accorde très-bien avec le système de ceux qui voient en lui, non un frère aîné, mais un cadet de Louis XIV.

Tenons-nous-en, pour le moment, à l'hypothèse de Voltaire, et, avant d'entrer dans les détails, parlons tout de suite d'une pièce officielle qui n'est pas sans lui porter un coup assez sensible.

Il s'agit d'une lettre de Barbezieux écrite à Saint-Mars le 17 novembre 1697, et qui contient les mots suivants : ....*sans vous expliquer à qui que ce soit de ce qu'a fait votre ancien prisonnier*. Le prisonnier, a-t-on dit, avait donc fait quelque chose : sa naissance n'était pas son seul crime. Le ministre ne se serait pas servi de cette locution précise : *ce qu'a fait votre prisonnier*, dans le cas où l'inconnu n'aurait eu que sa naissance à expier.

Au cours du livre dont j'ai déjà eu occasion de parler, M. Marius Topin abonde dans ce sens et s'autorise même de cette phrase pour corroborer la thèse qui lui est chère, l'identification de Matthioli de l'homme au masque. — Quel est, dit-il, le prisonnier dont Saint-Mars connut mieux les fautes, sut mieux *ce qu'il avait fait* que Matthioli qu'il a suivi dans ses intrigues, dans ses menées ? — Singulier effet de l'idée préconçue ! Pourquoi Saint-Mars n'aurait il pas connu aussi bien les fautes du prisonnier qu'il' n'avait pas quitté depuis plus de vingt années que celles de Matthioli ? En quoi ces mots : ce qu'a fait votre ancien prisonnier, contiennent-ils une révélation particulière, alors que l'inconnu d'Exiles est, lui aussi, un captif ancien ; alors surtout que rien n'établit que les crimes de l'un et de l'autre ne fussent pas également connus de leur geôlier ?

Tout ce qu'on peut conclure de la phrase de Barbezieux, c'est qu'elle porte une certaine atteinte à l'opinion de Voltaire.

Mais une thèse historique qui a pour elle le poids d'un tel témoignage, et qui s'appuie de plus sur l'autorité de Michelet, ne saurait être écartée par une lin de non-recevoir tirée de raisons aussi légères, et mérite assurément qu'on l'examine de près.

VI

Si le Masque de fer fut un fils strié d'Anne d'Autriche, la seule époque qui semble pouvoir convenir à sa naissance est l'année 1631. C'est la seule du moins où se soient passés des événements qui prêtent à cette naissance quelque apparence de probabilité, et (chose singulière !) ces événements, renfermés, il est vrai, dans le cercle le plus intime de la famille royale, semblent être restés complètement inconnus de Voltaire.

Dans les premiers jours d'août 1630, Louis XIII, souffrant depuis longtemps déjà et encore attaibli par les fatigues de la campagne de Savoie, fut ramené à Lyon dans un état qui inspira bientôt de vives inquiétudes. La science médicale d'alors avait des procédés terribles et bien faits pour achever un homme lymphatique et toujours languissant. On le saigna six fois en une semaine. La fièvre qui le dévorait se compliqua d'une dysenterie violente. Le 30 septembre au matin, on crut qu'il ne passerait pas la journée ; il reçut le viatique, fit ses adieux à sa mère et à sa femme et se prépara à la mort. Le lendemain, les médecins résolurent de le saigner pour la septième fois. La saignée achevée, un abcès, que les médecins n'avaient point découvert, creva et se vida par le fondement. (Lettre du P. Suffren.) Le sang s'arrêta ; le ventre, gonflé outre mesure, s'affaissa ; le malade était sauvé.

Bien des intrigues avaient été ourdies à la cour pendant cette maladie d'un mois, dont le résultat semblait devoir amener, avec la mort du Roi, la chute de Richelieu, l'avènement au trône du duc d'Orléans, et le renvoi en Espagne de la reine Arme d'Autriche. Auprès du lit du moribond, les ennemis de Richelieu avaient délibéré sur ce qu'ils feraient du ministre ; la Reine mère avait pris des mesures pour le faire arrêter aussitôt que le Roi aurait fermé les yeux ; elle avait mandé en hâte son second fils, afin qu'il fût tout prêt à recueillir le pouvoir, qu'elle comptait bien partager avec lui. De leur côté, les amis de la jeune reine ne s'étaient pas endormis, et l'on prétend que sa dame d'atours, la comtesse de Fargis, avait écrit à Gaston pour lui rappeler un projet déjà ancien, qui consistait à épouser la veuve de son frère. Ce projet autrefois caressé, Gaston, qui se croyait la main sur la couronne, l'accueillit avec tiédeur : il mettait d'ailleurs la Reine dans la dépendance absolue de sa belle-mère, qu'elle détestait. Les amis d'Anne d'Autriche comprirent bien vite qu'il n'y avait pour elle qu'une planche de salut. Pour qu'elle restât en France et toujours maîtresse du pouvoir, il suffisait qu'elle fût enceinte au moment du décès de son mari. Elle le fut.

Elle le fut ; Richelieu l'atteste : car on a les raisons les plus fortes de lui attribuer la paternité de ce curieux petit journal qui fut publié en 1648 et qui relate le grand orage de la cour ès années 1630 jusques à 1644. Fût-il d'une autre main, ce terrible petit livre, comme l'appelle M. Michelet, n'en serait pas moins riche en révélations, en détails intimes, marqués d'un caractère de vérité naïve.

Pour qui sait lire et comprendre, il est évident que le cardinal fut de très-bonne heure au fait de la grossesse de la Reine. Rapprochés, les événements prennent une terrible signification. La journée des Dupes (11 novembre 1630) venait de mettre en déroute toutes les cabales hostiles à Richelieu, celles des deux reines et celle de Gaston. Maître de la situation, le cardinal en profite aussitôt pour faire exiler la comtesse de Fargis, et la Reine s'écrie : Je ne lui pardonnerai jamais !

Le 3 janvier 1631, Anne apprend qu'on songe à la priver de son apothicaire ; elle s'épuise en efforts pour le retenir. L'ambassadeur d'Espagne va, de sa part, trouver le cardinal : il le conjure de faire en sorte que Michel Danse soit laissé près de sa maîtresse. Le maintien de cet apothicaire est négocié comme une affaire d'État. La Reine dit hautement que M. le cardinal veut lui ôter son apothicaire pour la faire mourir, afin que le Roy puisse épouser madame de Combalet, nièce du ministre. Il est bien clair qu'elle ne croie pas un mot de ces abominables projets, et que si elle attache tant de prix à la conservation de Michel Danse, ce n'est pas par crainte d'un attentat aussi inutile qu'impossible contre sa vie, mais en vue des services qu'elle attend de ce praticien, services que le cardinal prévoit et qu'il va bientôt laisser deviner.

Le 7 janvier, un accommodement intervient. Louis XIII consent à laisser à la Reine son apothicaire pour deux mois, à la condition que cet homme n'entrera au Louvre que lorsqu'il portera des remèdes à sa maîtresse, auquel cas il sera accompagné du médecin et présenté par madame de Sénecé, et à la condition de plus qu'il ne verra point la Reine hors du Louvre.

Le même jour, la Reine se dit indisposée et refuse d'accompagner le Roi à la comédie : même refus le lendemain. N'est-il pas clair que Richelieu, en relevant ces détails insignifiants, a un but qu'il ne dit pas : signaler les progrès de la grossesse ? Bientôt, il envoie méchamment prendre des nouvelles de la Reine, que cette surveillance obstinée embarrasse et taquine. Mais, subitement, cinq ou six jours avant Pâques, tout change, et les rôles s'intervertissent. C'est la Reine qui fait maintenant prévenir le cardinal qu'il peut l'aller voir et qu'il recevra bon accueil. Richelieu devine aisément le motif de ce subit revirement : c'est que la Reine est délivrée.

Cinq ou six jours auparavant, madame de Sénecé dit à M. le cardinal que la Reine disoit que, quand il voudroit l'aller voir, il seroit le bienvenu. Elle luy dit cela sur ce que, quand on pensoit qu'elle fust grosse, il envoya deux ou trois fois l'abbé de Beaumont sçavoir de madame de Sénecé comment la Reine se portoit et si l'on avoit encore cette opinion, lame que M. Bouvart croyoit qu'encore qu'il luy fust arrivé quelque accident, elle ne laissoit pas de demeurer grosse[1].

Cela se passait, nous l'avons dit, cinq ou six jours avant Pâques, qui, en 1631, tomba le 10 avril. Si la Reine se blessa, en effet, ce serait donc dans les premiers jours d'avril que l'accident aurait eu lieu.

Dans la pensée de Richelieu, le Roi n'était pour rien dans cette grossesse. Autrement, à quoi bon cette surveillance, ces visites taquines, ces efforts pour enlever à la Reine le serviteur qui doit empêcher sa faute d'éclater au grand jour ? Les faits d'ailleurs parlent d'eux-mêmes. Louis XIII avait quitté sa femme en mai 1630 ; il ne la revit qu'à la fin d'août, déjà exténué autant par les remèdes que par la maladie, drogué chaque jour, saigné à blanc. En un an, l'impitoyable Bouvart le fit saigner quarante-sept fois ; il lui fit prendre deux cent douze médecines et deux cent quinze lavements[2]. Qu'on juge des effets d'un tel régime !

Bientôt, du reste, Richelieu livre le fond de sa pensée et lève les derniers voiles ; on va savoir pourquoi la Reine a tant insisté pour qu'on lui laissât son apothicaire :

Le 3 may, madame Bellier a dit au sieur cardinal, en grandissime secret, comment la Reyne avoit été grosse dernièrement, qu'elle s'étoit blessée, que la cause de cet accident estoit un emplastre qu'on lui avoit donné, pensant faire bien. Depuis, Patrocle (l'écuyer de la Reine) m'en a dit autant et les médecins ensuite[3].

L'indiscrète confidente qui livrait ainsi au cardinal les secrets les plus intimes de l'alcôve royale n'est autre que cette première femme de la Reine, qui plus tard s'appela madame de Beauvais, et qui joua un si grand rôle dans les entreprises amoureuses dont le cœur d'Anne d'Autriche fut l'objet aussitôt après son veuvage. C'est elle qui servit les témérités du marquis de Jarzé ; c'est elle aussi qui éveilla les sens du jeune Louis XIV et l'initia à de précoces débauches[4]. Nous avons tracé ailleurs le portrait de cette Messaline d'antichambre, aussi habile à satisfaire ses propres passions qu'à favoriser celles des autres. Quoique laide et borgne, elle ne chôma jamais d'amants ; elle les acheta quand sa jeunesse ne

---

[1] *Journal*, ap. *Archives curieuses de l'hist. de France*, coll. Cimber et Danjou, t. V, p. 44.
[2] *Archives curieuses*, t. V, p. 63, note.
[3] *Archives curieuses*, t. V, p.44. SAINT-SIMON, édit. Sautelet, t. p. 241.
[4] Voir notre étude sur le mariage d'Anne d'Autriche et de Mazarin.

suffit plus à les attirer1. Brienne, Saint-Simon et madame de Motteville témoignent de l'empire que cette femme éhontée exerçait sur sa maîtresse. Mazarin fit de vains efforts pour contraindre la Reine à s'en séparer. Il y parvint un moment, après la scandaleuse affaire de Jarzé ; mais Cathau (c'était le nom familier que la Reine aimait à donner à sa confidente) reparut bientôt à la cour, mieux établie et plus solide que jamais. La fière Anne d'Autriche souffrait que cette femme lui parlât avec l'autorité et parfois même avec le ton impérieux et grondeur d'un subalterne qui se sent indispensable. Elle était, a dit la princesse palatine, mère du Régent, en possession de secrets qui forçaient la Reine à compter avec elle2.

Mot bien grave et qui donne à penser ! Si la Reine, en avril 1631, ne se blessa point, contrairement à ce qui fut dit à Richelieu, et si l'enfant qu'elle portait dans son sein vint à terme, elle avait sous la main, en Catherine Bellière, la femme qu'il fallait pour mener à bien, au milieu de tant d'argus, la difficile entreprise de mettre au jour, de cacher, d'élever cet enfant. M. Michelet, qui a couru sur cette aventure, comme il court sur tous les problèmes de l'histoire, en y jetant des éclairs qui éblouissent plutôt qu'ils n'éclairent, M. Michelet, lui aussi, pose ces deux questions qui se présentent naturellement à l'esprit : L'enfant vint-il à terme ? Cet ainé de Louis XIV n'est-il pas le fameux Masque de fer ?

Dans cette hypothèse, dit encore l'illustre historien, il faudrait faire remonter plus haut le commencement de la grossesse3. Cela est parfaitement juste. La Reine ayant été délivrée vers le 4 avril, sa grossesse, si elle ne se blessa point, devait remonter aux commencements de juillet 1630. A cette date, il est vrai, Louis XIII était séparé d'elle depuis plus de deux mois ; mais il n'était pas encore en danger de mort, et elle n'avait point à être enceinte l'intérêt politique qu'on lui prête. Là n'est pas, du reste, la seule pierre d'achoppement du système. Comment a-t-on pu tromper Richelieu, si clairvoyant, si intéressé à bien voir, et qui surveillait de si près ce qui se passait chez la Reine ? Quand on lit avec soin les détails que nous avons empruntés à son Journal et rapprochés pour en faire sortir l'intention cachée, on reste convaincu que, dans sa pensée, la grossesse de la Reine était encore avancée le jour où elle fut délivrée. C'était aussi, comme on l'a vu, l'opinion de Rouvert, puisqu'il pensait qu'encore bien qu'il lui fût arrivé quelque accident, elle ne laissoit pas de demeurer grosse. Enfin, Monsieur lui-même, qui lui aussi a dû être bien instruit, Monsieur semble avoir partagé la conviction du cardinal et du médecin. Autrement, comment expliquer ce propos que Richelieu met dans sa bouche quelques mois après l'avortement de la Reine : qu'on avait fait revenir madame de Chevreuse pour donner plus de moyens à la Reine de faire un enfant4 ? Ce mot ignoble prouve tout à la fois qu'il ne pensait pas que l'enfant existât déjà, et qu'il croyait toujours la Reine très-disposée à donner, coûte que coûte, un héritier au trône.

Quelque pressantes que soient ces vraisemblances, il faut reconnaître que le Journal de Richelieu prête à la supposition de Voltaire une base d'argumentation assez sérieuse pour qu'on soit autorisé à l'examiner dans les détails. De ce qu'un fils serait né à la Reine à l'insu de Louis XIII, il n'en résulterait pas nécessairement que ce fils fût le Masque de fer. Il faudrait de plus, pour le

---

1 *Elle payait bien ses amants*, dit une note mise en marge des chansons manuscrites de la vieille cour. (Voir *Mémoires de Brienne le jeune*, t. II, p. 48, note.)
2 *Correspondance* publiée par M. Brunet, t. I, p. 287.
3 M. Michelet veut dire : plus haut que l'époque de la maladie du Roi.
4 *Journal*, ap. *Arch. cur.*, t. V, p, 71.

prouver, établir que ce prince a été, dans sa prison, entouré de soins, d'égards, de sollicitudes, de respects indiquant son illustre origine. C'est bien là, en effet, ce qu'on a toujours avancé, mais à tort, comme on va le voir.

Avant d'entrer dans ces particularités, remarquons que Voltaire s'est toujours refusé à croire que le prisonnier inconnu pût être un frère jumeau ou cadet de Louis XIV. Cette supposition a été exprimée pour la première fois dans une lettre dont il a certainement eu connaissance, et que ses éditeurs de Kehl ont combattue en ces termes :

> Il se répand une lettre de mademoiselle de Valois, écrite au duc, depuis maréchal de Richelieu, où elle se vante d'avoir appris de son père, à d'étranges conditions, quel était l'homme au masque de fer, et cet homme, dit-elle, était un frère jumeau de Louis XIV, né quelques heures après lui.
>
> Ou cette lettre, qu'il était si inutile, si indécent, si dangereux d'écrire, est une lettre supposée, ou le régent, en donnant à sa tille la récompense qu'elle avait si noblement acquise, crut affaiblir le danger qu'il y avait à révéler le secret de l'État, en altérant le fait et en faisant de ce prince un cadet sans droit au trône au lieu de l'héritier présomptif de la couronne.

L'éditeur de Kehl tente ensuite d'établir que les dangers qu'un frère aîné, quoique flétri du sceau de l'illégitimité, pouvait faire courir à la France et à sa race, étaient seuls capables de déterminer Louis XIV aux rigueurs dont il frappa le Masque de fer. On peut objecter que ce prince n'avait pas besoin de motifs si graves pour cacher à tous les yeux le témoignage vivant des légèretés d'Anne d'Autriche. Le soin de la réputation maternelle, celui de sa propre dignité, suffiraient pour expliquer sa conduite. L'existence d'un frère naturel, bien que né après lui, était d'ailleurs de nature à jeter quelque doute sur sa propre légitimité, tout au moins à appeler de téméraires investigations sur l'heureux hasard, amené avec tant d'art et d'à-propos, auquel fut due sa naissance.

Personne n'ignore aujourd'hui quels liens intimes s'établirent, aussitôt après la mort de Louis XIII entre la régente et Mazarin, son ministre. Nous avons, dans une étude spéciale, tracé dans ses détails les plus circonstanciés l'histoire de cette union, qui, au sacrement près, fut une véritable union conjugale. Nous avons même précisé l'époque où Mazarin triompha des dernières résistances de sa royale amie : ce fut après l'arrestation du duc de Beaufort et la chute du parti des Importants, dans les six semaines qui s'écoulèrent après le 30 août 1643. Cette date concorde à merveille avec l'âge que Voltaire attribue au prisonnier masqué. L'auteur du *Dictionnaire philosophique* prétend, en effet, que ce malheureux, d'après sa propre déclaration faite à l'apothicaire de la Bastille, était âgé de près de soixante ans au moment de sa mort, arrivée en 1703. Il ajoute que sa captivité avait commencé quelques mois après la mort de Mazarin. Ces deux faits, si véritablement Voltaire les a tenus pour certains, auraient dû, à ce qu'il semble, le persuader que le Masque de fer ne pouvait être un aîné de Louis XIV, mais qu'il était bien plutôt un frère cadet, né aux débuts des relations d'Anne d'Autriche avec son ministre, et emprisonné juste à l'époque où mourut l'homme dont il tenait le jour. Il est évident, d'ailleurs, qu'Anne d'Autriche, habitant, à partir de 1643, le même palais que son amant, libre alors de se livrer sans contrainte à sa passion, débarrassée de tous les surveillants et de tous les familiers qui s'étaient permis de censurer sa conduite, faisant chaque année de fréquentes retraites dans des couvents qui tenaient tout de ses boutés, et dont les supérieures lui étaient entièrement acquises, avait bien plus de facilités pour cacher à tous les yeux le fruit de ses amours qu'en 1631, à l'époque où elle était en butte à l'espionnage intéressé de Richelieu et du duc d'Orléans.

Du reste, que le Masque de fer ait été un frère aîné ou un frère cadet de Louis XIV, la preuve écrite et décisive fait défaut également dans les deux hypothèses. Aussi bien pour l'une que pour l'autre, on est réduit à chercher les arguments dans des circonstances accessoires, et qu'on peut appeler extrinsèques : mystère, précautions, égards, respects, soins de toutes sortes. C'est là, et là seulement, qu'est le véritable terrain de la discussion, le seul du moins où, jusqu'à ce jour, la critique ait été appelée à descendre. Est-il vrai, comme on l'a tant de fois imprimé, que le prisonnier ait toujours été traité avec une déférence marquée ; que le marquis de Louvois le soit allé voir aux îles Sainte-Marguerite, et lui ait parlé debout, avec une considération qui tenait du respect ? Est-il vrai que cet inconnu fût logé à la Bastille aussi bien qu'on pouvait l'être dans ce château ; qu'on ne lui refusât rien de ce qu'il demandait ; que le gouverneur lui fît faire la plus grande chère et mît lui-même les plats sur sa table ? Ses meubles étaient-ils luxueux ? son linge d'une finesse extraordinaire ? Ce sont là les assertions de Voltaire, confirmées en plusieurs points par le Père Griffet, complaisamment accueillies par nombre d'écrivains, et en dernier lieu par M. Michelet.

Les documents que nous avons analysés dans la première partie de cette étude, et ceux qui restent à mentionner, vont nous permettre de contrôler de près toutes ces assertions et de retrouver l'histoire sous la légende.

VII

Commençons par la visite de Louvois au prisonnier pendant que ce dernier habitait les Iles Sainte-Marguerite ; sur ce point, un mot suffira.

Louvois n'a jamais visité ces Iles. Il s'était cassé la jambe droite le 3 août 1679, et pour hâter la guérison, les médecins lui conseillèrent les eaux de Barèges. Il y alla en effet au mois de mai 1680, en compagnie du chevalier de Nogent. M. Camille Rousset a publié, dans les annexes au tome III de son *Histoire de Louvois*, les lettres que ce ministre écrivit presque à chaque jour de ce voyage. On y suit l'itinéraire qu'il observa, et l'on acquiert la preuve qu'il n'alla point aux fies Honorat et Sainte-Marguerite. On a vu d'ailleurs que ce fut en 1687 que Saint-Mars arriva dans ces îles en compagnie de son prisonnier.

Il est vrai qu'en août 1670, Louvois, accompagné de Vauban, fit un rapide voyage en Piémont, sous le prétexte de régler quelques difficultés relatives aux fortifications de Pignerol, et en réalité pour enchaîner la cour de Savoie à la politique de Louis XIV. Il resta trois ou quatre jours dans cette forteresse. On peut donc se demander si la tradition erronée recueillie par Voltaire, et qui représente Louvois rendant visite au Masque de fer dans les îles Sainte-Marguerite, en 1680, ne peut pas avoir pour origine le voyage très-réel que ce ministre fit à Pignerol dix ans auparavant.

Dans le tome Ier (page 321) de ses *Mémoires historiques et authentiques sur la Bastille*, ouvrage qui parut quelques mois seulement après la prise de cette prison d'État, le fougueux journaliste Carra a publié une lettre du marquis de Barbezieux datée du 13 août 1691, moins d'un mois après la mort de Louvois, son père. Cette lettre trouve ici sa place. Le nouveau ministre écrit à Saint-Mars :

> Votre lettre du 26 passé m'a été rendue. Lorsque vous aurez quelque chose à me mander du prisonnier *qui est sous votre garde depuis vingt ans*, je vous prie d'user des mesmes précautions que vous faisiez quand vous écriviez à M. de Louvois.

Si cette lettre est authentique, comme cela me semble tout à fait vraisemblable, et si son auteur ne commet point d'erreur de date, elle prouverait que l'homme au masque de fer aurait été remis à Saint-Mars en 1771. Dans ce cas, le marquis de Louvois n'aurait pu voir le prisonnier à Pignerol, puisque le Noyage de ce ministre eut lieu en août 1770. Il est vrai qu'entre cette date et le commencement de 1771, il n'y a qu'un laps de cinq mois, et qu'une pareille erreur est trop faible pour qu'on en puisse tirer un argument bien solide. Mais ce qui établit clairement l'erreur de Barbezieux, ce sont les lettres de Louvois que nous avons analysées au commencement de cette étude ; c'est en particulier celle du 12 mai 1681, qui prouve avec la dernière évidence qu'à cette date, Saint-Mars ne gardait d'autres prisonniers soumis à une surveillance exceptionnelle que les deux détenus de la tour d'en bas, lesquels alors étaient incontestablement Matthioli et un moine jacobin. On se rappelle que tous les autres prisonniers étaient inconnus du ministre, qui chargeait le gouverneur de Pignerol de lui indiquer, à côté de leurs noms, ce qu'il savait des motifs de leur détention.

Si le Masque de fer est Matthioli, il n'y avait au 13 août 1691 que onze ans et trois mois qu'il était l'hôte du roi de France, et s'il est l'inconnu introduit à Pignerol pendant ou peu après le second séjour de Catinat dans cette citadelle, il y avait juste en 1691 dix ans et non vingt que Saint-Mars l'avait sous sa garde. Barbezieux était à peine âgé de vingt-trois ans quand il écrivit la lettre citée par Carra. C'était un esprit léger, incapable, ami des plaisirs, aussi peu soigneux que son père avait été actif et appliqué. Un tel homme adressant à un officier subalterne un accusé de réception et des recommandations insignifiantes, n'a certes pas pris la peine de vérifier les dates. Il savait en gros que la captivité du prisonnier dont il parlait était ancienne, voilà tout. Mais il est plus que probable qu'il ne faut pas prendre au pied de la lettre le chiffre rond qu'il assigne à la durée de cette captivité.

Il demeure donc acquis que Louvois n'a jamais visité le prisonnier inconnu, soit aux îles Sainte-Marguerite, soit à Pignerol, et, à plus forte raison, qu'il ne lui a jamais parlé debout avec une considération tenant du respect.

Passons aux égards et aux marques de déférence dont le malheureux captif aurait été l'objet de la part de Saint-Mars tant en Provence qu'à Paris, et commençons par les soins donnés à son ameublement.

Tout ce qu'on a dit à ce sujet repose uniquement sur la phrase du journal de Dujonca, où cet officier, parlant de la chambre que l'inconnu devait habiter à la Bastille, constate qu'il l'avait fait meubler de toute chose avant son arrivée, en ayant reçu l'ordre de M. de Saint-Mars.

Suivant les conjectures du P. Griffet, cette phrase semble indiquer que la chambre de l'homme au masque était mieux meublée que celle des autres prisonniers, puisqu'il y avait eu des ordres de la meubler envoyés par M. de Saint-Mars ; ce qui ne peut s'entendre que d'un ameublement plus riche et plus recherché que celui des autres chambres, sans quoi il n'eût pas été nécessaire d'envoyer pour cela des ordres exprès, *puisque les chambres du château sont toujours meublées*, mais fort simplement.

S'il était nécessaire de justifier par une preuve nouvelle la confiance presque exclusive que la critique témoigne aujourd'hui pour les documents et le peu de foi qu'elle accorde aux témoignages individuels même les plus respectables, on la trouverait dans cette assertion du P. Griffet. Il est bien vrai qu'en 1745, à l'époque où il devint confesseur des prisonniers de la Bastille, certaines chambres du château (non pas toutes, mais un très-petit nombre seulement) avaient un ameublement ; mais en 1698, quand le Masque de fer arriva à Paris, il en était tout différemment. A cette époque, les chambres n'étaient point garnies de mobilier. Chaque prisonnier se meublait à sa guise et à ses frais ; il s'arrangeait pour cela avec un tapissier qui avait la clientèle de la Bastille. C'est seulement en 1709 que le Roi fit un fonds spécial pour garnir cinq ou six chambres d'un mobilier très-sommaire : un lit, une table et deux chaises. Cependant il fallait bien que le gouvernement vînt en aide aux détenus qui n'avaient ni argent pour payer le loyer de leur mobilier, ni parents pour leur en fournir un. C'est ce qui explique pourquoi Saint-Mars donna l'ordre de meubler, avant son arrivée, la chambre destinée au prisonnier qu'il amenait. Rien, absolument rien, n'indique que ce mobilier ait été plus luxueux que celui que le Roi fournissait aux pauvres gens qui n'avaient pas le moyen de se meubler à leurs frais.

Lorsqu'un nouveau détenu arrivait à la Bastille, il n'était pas introduit tout de suite dans son logement définitif. Si c'était un personnage de distinction, dit M. Ravaisson, il logeait dans une chambre des appartements ; dans les tours, si c'était un pauvre diable[1]. Or le Masque de fer fut traité comme un pauvre diable. Il fut mis d'abord, non dans les appartements, mais dans la tour de la Basinière. Sur les neuf heures du soir, le lieutenant Dujonca le conduisit dans la troisième chambre sud de la tour de la Bertaudière : c'était celle qu'il avait fait meubler[2].

La tour de la Bertaudière avait six étages : chacun de ces étages renfermait une seule chambre de forme octogone, ayant une grande cheminée, et une douzaine de pieds de large. Or, veut-on savoir comment était meublé, en 1702, l'auteur de l'*Inquisition française*, Constantin de Renneville, qui habita un moment le deuxième étage de cette tour, pendant que le Masque de fer était enfermé au troisième ? N'oublions pas de noter que Renneville était un espion, un prisonnier de seconde catégorie, et traité comme un homme sans importance[3]. Cependant il habitait le second étage, tandis que le Masque de fer était relégué au troisième.

---

[1] Introduction aux *Archives de la Bastille*, documents inédits, t. I, p. XVII. Paris, 1866. On appelait appartement les chambres pratiquées dans le mur qui reliait les six donjons : elles étaient au nombre de cinq.
[2] Ces mots du journal de Dujonca : *la troisième chambre sud de la tour de la Bertaudière*, donneraient lieu de supposer qu'il y avait à chaque étage deux chambres, l'une au sud, l'autre au nord. Il n'en est rien ; nous supposons que les fenêtres des étages successifs étaient alternativement percées à l'une et à l'autre exposition. Il n'y avait en tout que trente-sept chambres dans les tours, et le total des étages des huit tours donne exactement ce chiffre trente-sept. La tour de la Liberté avait sept étages ; celle de la Bertaudière, six ; celles de la Comté, de la Basinière, du Puits et du Coin, cinq ; celles du Trésor et de la Chapelle, deux seulement (Voir RAVAISSON, introduction, p. XVIII.)
[3] *Archives de la Bastille*, Introduction, p. XX.

Pour tout meuble, il n'y avait qu'une petite table pliante, très-vieille et rompue, et une petite chaise enfoncée de paille, si disloquée, qu'à peine pouvait-on s'asseoir dessus.... Sur les sept heures, on m'apporta un petit lit de camp de sangle, un petit matelas, un travers de lit garni de plumes, une méchante couverture verte toute percée, et si pleine d'une épouvantable vermine, que j'ai eu bien de la peine à l'en purger[1].

Voilà, selon toute vraisemblance, quel fut le luxueux ameublement du Masque de fer, et s'il fallait appuyer cette assertion d'une preuve décisive, nous la trouverions dalla le passage suivant de la lettre du 3 mai 1687, par laquelle Saint-Mars informait Louvois de son départ d'Exiles : Le lit de mon prisonnier était si vieux et rompu, que tout ce dont il se servait, tant linge que table et meubles, qu'il ne valait pas la peine d'apporter ici, l'on n'en a eu que treize écus.

On ne voit pas pourquoi le prisonnier aurait été mieux meublé à la Bastille qu'il ne l'avait été à Exiles, et cela dispense d'examiner ce qu'il y a de vrai dans ce goût pour le linge d'une finesse extraordinaire, que Voltaire lui attribue. S'il avait en effet de telles délicatesses, on voit qu'il ne lui fut pas aisé de les satisfaire. N'est-il pas clair, d'ailleurs, que l'auteur du *Siècle de Louis XIV*, en prêtant au prisonnier un goût qu'avait Anne d'Autriche, n'a eu d'autre but que de donner un appui et un air de vérité à son système ?

Tout ce qu'on a dit de la nourriture particulièrement recherchée que le gouverneur fournissait au prisonnier n'est pas mieux fondé que ce qui concerne son mobilier. C'est encore sur le texte mal interprété de Dujonca que reposent les conjectures erronées du l'ère Griffet à cet égard :

> En disant que ce prisonnier était nourri par M. le gouverneur, M. Dujonca a voulu faire entendre ou que le gouverneur mangeait avec lui, ou que sa table était servie comme celle du gouverneur, car, du reste, il n'y a aucun prisonnier à la Bastille qui ne soit nourri par le gouverneur ; cet usage était établi dès le temps de Louis XI, comme ou peut le voir dans les observations de M. Godefroy sur l'histoire de Charles VII. M. Dujonca a donc voulu donner à entendre par cette expression que ce prisonnier mit, à l'égard de sa nourriture, des avantages et des distinctions particulières que les autres n'avaient pas.

Dans les prisons d'État, c'était le Roi qui payait la nourriture, le blanchissage et la lumière, et, en général, il ne payait que cela[2]. Cela était vrai, du moins, pour la grande majorité des prisonniers, et il en était ainsi aussi bien à la Bastille qu'aux îles Sainte-Marguerite. Par la lettre de Pontchartrain, du 9 janvier 1695, que nous avons citée à la fin de la première partie de celte étude, on a vu que Saint-Mars recevait annuellement du Roi neuf cents livres pour les frais de nourriture de cinq prisonniers qu'il gardait dans ces îles. Il y avait à la Bastille un tarif spécial qui réglait l'allocation due au gouverneur pour la dépense de chaque prisonnier, et cette allocation était proportionnée au rang qu'il avait occupé dans le monde. Ce tarif était assez élevé : le lieutenant de roi, logé dans la forteresse, veillait à ce que l'allocation ne fût point détournée de sa destination et fût intégralement dépensée pour le prisonnier auquel elle était affectée. Du reste,

---

[1] *L'Inquisition française, ou l'Histoire de la Bastille*, t. I, p. 405.
[2] M. RAVAISSON, introd., p. XXI, dit même qu'en général le Roi ne payait que la nourriture. Nous croyons qu'il faut y joindre le blanchissage et la lumière. (Voir *Bastille dévoilée*, IIe liv., p. 40.)

les détenus, instruits des pria des choses et de la somme à laquelle ils avaient droit, ne se faisaient pas faute de se plaindre au représentant du Roi quand ils calculaient que le gouverneur avait pu faire un certain bénéfice sur leur allocation : cela refrénait les abus, sans les entraver absolument. Presque tous les gouverneurs des prisons d'État, et Saint-Mars en particulier, acquirent de grosses fortunes. Il résultait toutefois de cet état de choses que la nourriture des détenus était non-seulement abondante, mais recherchée. Le gouverneur, ainsi que le remarque Constantin de Renneville, avait intérêt à conserver en santé des hommes dont l'entretien lui était chèrement payé. Les détails que M. Ravaisson a donnés sur le menu ordinaire des prisonniers seraient à peine croyables s'ils n'étaient vérifiés par des documents authentiques : trois repas par jour, et copieux : potage, entrée, relevés, desserts, etc. : à chaque dîner, deux bouteilles, bourgogne ou champagne ; on en donnait une troisième pour les besoins de la journée. Aussi, dit M. Ravaisson, l'appétit le plus robuste ne suffisait-il pas à tout consommer, et Renneville se moque souvent des porte-clefs, qui descendaient lentement la desserte des prisonniers pour se donner le loisir d'achever en chemin ces restes savoureux. Mais on ne leur abandonnait que les plats, on gardait le vin. Des prisonniers possédaient, ainsi une cave bien garnie dans le coin de leur cellule. Aux jours de fête, le gouverneur envoyait du vin de surplus. Renneville raconte qu'il reçut une fois six bouteilles de champagne. En 1661, lorsque Marmontel fut mis à la Bastille, à la requête du duc d'Aumont, il vit arriver, à l'heure du premier repas qu'il fit, un menu fort appétissant que le geôlier plaça sans mot dire sur la table. L'auteur de Bélisaire y fit honneur sur-le-champ, en épargnant quelques reliefs qu'il comptait laisser au valet qu'on lui avait permis d'amener avec lui. Il était au dessert, quand parut un second menu plus recherché que le premier : Le dîner de Monsieur ! dit cette fois le geôlier qui le servait. Marmontel avait mangé le dîner de son valet.

On voit que si les hôtes de la Bastille étaient mal meublés, en revanche, ils étaient très-bien nourris. L'abondance était telle et la nourriture si délicate, que certains captifs peu riches s'entendaient avec le gouverneur pour être traités plus simplement et pour partager avec lui la différence entre la dépense réellement nécessaire et l'allocation payée par le Roi. Lorsque l'emprisonnement durait longtemps, cela montait à des sommes considérables, et plus d'un prisonnier, entré pauvre et misérable, sortait beaucoup plus riche qu'il ne l'eût jamais été Cette abondance fut la même de tout temps[1].

Nous avons dit que la grande majorité des prisonniers étaient nourris aux frais du Roi : quelques-uns pourtant subvenaient eux-mêmes à leurs besoins. On possède une liste des prisonniers existant à la Bastille au 2 septembre 1661. Dans cette liste, adressée à Colbert par le gouverneur de Besmaus, on lit ce qui suit : M. de Villarseau et M. Leclerc ; affaires de famille : ils payent leur dépense, comme il est porté dans l'ordre du Roy[2].

Il en était de même aux iles Sainte-Marguerite : là aussi, il y avait des prisonniers nourris par le Roi, et d'autres qui pourvoyaient eux-mêmes à tous

---

[1] RAVAISSON, Introd., p. XXI.
[2] Voir la *Correspondance administrative* publiée par M. DEPPING, t. II, p. 548. Cette liste est extraite de la collection des volumes verts qui contient les lettres adressées à Colbert par les fonctionnaires publics, et qui est conservée à la Bibliothèque nationale.

leurs besoins. C'est ce qui résulte d'une lettre du Roi à Saint-Mars, en date du 10 février 1694[1].

En expliquant, dans son journal, que le prisonnier masqué était nourri par le gouverneur, Dujonca a donc simplement voulu constater que ce prisonnier appartenait à la catégorie la plus ordinaire, à celle dont le Roi défrayait la subsistance, et non à celle qui se nourrissait à ses propres dépens. Il suit de là que le P. Griffet a mal interprété la phrase très-simple de Dujonca[2]. Son erreur toutefois peut s'expliquer par un usage observé à la Bastille. Lorsqu'un prisonnier tombait malade ou entrait en convalescence, c'est de la table même du gouverneur qu'il recevait ses aliments[3]. Or, on se souvient que, dès 1685, le captif inconnu était sans cesse malade et dans les remèdes. Il est donc possible qu'à la Bastille il reçût sa nourriture de la table du gouverneur, sans être pour cela l'objet de soins exceptionnels, puisque cette mesure était commune à tous les prisonniers malades.

La correspondance de Saint-Mars contredit formellement cette autre assertion tant de fois répétée qu'aux îles Sainte-Marguerite le gouverneur mettait lui-même les plats sur la table de son prisonnier. Ce n'était pas Saint-Mars, mais son lieutenant qui portait les plats destinés au captif après qu'un domestique les avait déposés sur une table placée à la porte de la cellule ; il en agissait de même pour le compagnon d'infortune du prisonnier. (Lettre du 11 mars 1682.) C'était ainsi du moins que les choses se passaient à Exiles, et rien n'atteste qu'un autre procédé ait été adopté en Provence. A la Bastille, le soin de servir le prisonnier fut confié au sergent Rosarges, que Saint-Mars éleva bientôt au grade de major, homme brutal, au dire de Renneville, et fort adonné à la boisson. fut l'un des témoins qui signèrent l'acte de décès du malheureux reclus. Si ce dernier était un prince, on avouera qu'on avait bien mal choisi son unique serviteur.

VIII

Le lecteur est maintenant édifié sur la façon dont le prisonnier inconnu fut traité à la Bastille. On suivit pour lui les règles et les usages ordinaires, sauf en un point toutefois, le seul qui nous reste à examiner ; il fut contraint de porter un masque.

Pourquoi ce masque ? pourquoi cette mesure singulière, et en apparence exceptionnelle ? Avait-elle pour but, comme voltaire le pensait, d'empêcher qu'on ne reconnût, dans les traits de l'infortuné, quelque ressemblance trop frappante ? La question vaut la peine qu'on s'y arrête.

Soit dans la correspondance de Saint-Mars, soit dans les lettres de Louvois et de ses successeurs, soit dans les registres du secrétariat de la maison du Roi où sont consignés les ordres relatifs au prisonnier inconnu, on ne trouve absolument

---

[1] Même correspondance, t. II, p. 274. Cette lettre est extraite des registres du secrétariat de la maison du Roi conservés aux Archives nationales.
[2] Cette phrase est du reste fort mal conçue : lequel prisonnier sera servy et soinie (soigné) par M. de Rosarge, que monsieur le gouverneur norira. Il semble que ce soit le sergent Rosarge qui doive être nourri par le gouverneur. L'interprétation du P. Griffet, qui applique ces derniers mots au prisonnier, nous semble la seule qui soit admissible.
[3] M. RAVAISSON, Introd., p. XXII.

rien qui, de près ou de loin, fasse allusion à ce masque. Dans sa lettre du 11 mars 1682, datée d'Exiles, dans celles de 1687 qu'il écrivit tant de ce lieu que de Sainte-Marguerite, Saint-Mars énumère toutes les précautions qu'il prend pour que son prisonnier ne puisse être vu de personne ; il ne parle point du masque. Quelle fut donc la cause de cette mesure, et à quelle époque fut-elle pour la première fois appliquée ?

Pendant le trajet d'Exiles aux îles, le mystérieux personnage fut enfermé dans une chaise couverte de toile cirée et assez bien close pour que les soldats, qui marchaient près d'elle, ne pussent voir celui qu'elle contenait. Bien que la claustration ne fût pas hermétique, le prisonnier, qui était malade depuis plusieurs années, souffrit beaucoup de la privation d'air, et Saint-Mars fut contraint de précipiter sa marche. C'est ce qu'atteste sa lettre du 3 mai 1687. N'est-il pas vraisemblable qu'instruit par cette expérience, le gouverneur dut chercher pour le voyage de 1698, voyage plus long encore que le premier, un procédé de claustration moins pénible pour le prisonnier ? Un masque de velours noir, analogue aux loups que les femmes portaient alors, mettait le captif à l'abri des regards indiscrets et remplissait le même office qu'une chaise enveloppée de toile cirée. C'est en effet seulement à partir du moment où le prisonnier fut arrivé à la Bastille qu'on trouve, dans un document semi-officiel, le journal de Dujonca, l'indication certaine du masque. Ce journal constate de plus que le prisonnier voyagea en litière, ce qui montre bien qu'il continuait à être malade. Une lettre d'un M. de Falteau, insérée dans l'*Année littéraire* de juin 1768, prouverait même qu'il fut vu avec son masque pendant le voyage ; mais il est difficile d'ajouter foi à cette lettre, dont Sainte-Foix a relevé les invraisemblances.

Voilà pour l'adoption du masque pendant le voyage : voyons maintenant pourquoi l'inconnu continua de le porter à la Bastille toutes les fois qu'il paraissait dans les cours ou à la chapelle.

Sous Louis XIV, les prisons d'État, et en particulier la Bastille, renfermaient des prisonniers rangés en diverses catégories, et qui n'étaient pas tous astreints à la même surveillance. Les fils de famille détenus par correction, les prodigues, les débauchés que leurs parents faisaient enfermer, jouissaient de ce qu'on appelait la liberté de la cour ; on ouvrait leurs chambres le matin, et ils pouvaient se promener jusqu'à la nuit. D'autres prisonniers, recommandés plus sévèrement, étaient seulement autorisés à se promener quelquefois dans les cours ou sur les plates-formes qui reliaient les tours entre elles. Le prisonnier n'y était jamais seul : un des officiers du château était commis pour le surveiller. Le temps était toujours mesuré par l'ordre du ministre, et réglé par la nécessité de faire prendre l'air à d'autres prisonniers qui devaient être seuls à leur tour. C'est ainsi que fut traitée mademoiselle de Launay, compromise dans les intrigues de la duchesse du Maine contre le Régent. Condamnée au secret, mais non au secret absolu, elle obtint la faveur de se promener seule, à la chute du jour, sur les tours du château, suivie de près par M. de Maisonrouge, lieutenant du Roi. Bien qu'elle fût presque aveugle, le gouverneur lui déclara, dès le lendemain de son entrée à la Bastille, qu'il ne pouvait se dispenser de faire coller du papier à ses fenêtres, qui donnaient sur la cour intérieure du château, la règle étant qu'aucun prisonnier ne pût en apercevoir un autre. On lui lit valoir comme une grâce spéciale la permission qu'on lui accorda d'entendre la messe les fêtes et dimanches. Mais, dit-elle, je n'y gagnai rien pour les découvertes que j'en attendois : on me cacha sous un pavillon, où je ne pouvois rien voir ni être vue de personne.

Cette faculté d'entendre la messe et de se promener, celle d'être servi par un domestique à soi, de lire des livres empruntés à la bibliothèque du château, d'écrire sur des feuilles de papier soigneusement comptées, et qui toutes devaient être représentées, toutes ces permissions faisaient partie de ce qu'on appelait les libertés de la Bastille. Mais il y avait une catégorie de détenus auxquels ces douceurs étaient refusées : c'étaient ceux qu'on tenait au secret absolu. Ceux-là ne communiquaient avec personne et ne se promenaient jamais ni dans les cours ni sur les plates-formes. Tel fut pendant longtemps le sort de Fouquet à Pignerol. C'est seulement, nous l'avons déjà dit, treize ans après le commencement de sa détention, que le malheureux surintendant obtint la faveur de prendre l'air sur le rempart qui était devant son appartement, et seulement trois fois par semaine. Malgré la protection puissante d'une princesse du sang royal, son compagnon d'infortune, Lauzun, ne fut pas mieux traité. Il fut réglé à la même époque qu'il se promènerait aussi trois fois par semaine, mais non à la même heure que Fouquet.

En transmettant cette autorisation à Saint-Mars, par lettre du novembre 1677, Louvois ajoutait : La grâce que Sa Majesté fait s'étend seulement à M. Fouquet et à M. de Lauzun ; ce qui donne évidemment lieu de croire qu'il y avait alors à Pignerol d'autres prisonniers moins favorisés, et qui ne sortaient jamais de leur prison.

Nous avons relaté les précautions minutieuses qui furent prises à Exiles pour la surveillance des prisonniers gardés par Saint-Mars : le gouverneur s'était arrangé de façon que personne, pas même le prêtre qui leur disait la messe, ne pût les voir. Et ces précautions n'étaient pas spéciales au Masque de fer, puisqu'il y avait alors avec lui un autre détenu surveillé exactement avec la même rigueur.

Cette rigueur se continua à la Bastille. Là aussi, l'ancien captif de Pignerol fut au secret absolu. Bien que l'usage ordinaire fût que l'aumônier visitât souvent les détenus et leur apportât librement les secours de la religion, les registres du secrétariat de la maison du Roi prouvent que les prisonniers tenus au secret ne jouissaient pas de ces faveurs[1]. Il fallait une permission du Roi pour que ces malheureux pussent se confesser ; il en fallait une aussi pour qu'ils pussent se promener en cas de maladie. Le 3 mai 1699, Louis XIV mandait à Saint-Mars : Vous pouvez faire promener le sieur de Vic, ainsi que vous le proposez, en observant qu'il ne parle pas à d'autres prisonniers[2].

Tenu au secret comme de Vic, le Masque de fer n'avait pas plus que lui la liberté de se promener. Mais il était souffrant depuis plusieurs années quand il arriva à la Bastille ; il ne pouvait endurer la privation du grand air, puisqu'il avait été malade pour en avoir manqué dans la chaise revêtue de toile cirée où il avait voyagé en 1682. On dut donc chercher un moyen de concilier les égards qu'exigeait sa position avec les règles sévères qui s'appliquaient aux prisonniers tenus au secret. Il était arrivé avec un masque de velours. Rien n'était plus naturel que de lui faire porter ce masque toutes les fois qu'il se promènerait dans les cours ou qu'il recevrait la visite du médecin. Au fond, c'était là une faveur et

---

[1] Voir quelques-uns de ces ordres dans Depping, *Corresp. administr.*, II, p. 752.
[2] Depping, *Corresp. administr.*, II, p 753. On comprend que ce n'était pas le Roi qui écrivait, ni même qui signait ces ordres sans importance émanés de son cabinet ; c'était le secrétaire de la main, le président Rose, lequel imitait à merveille son écriture et sa signature, avec son autorisation.

non un redoublement de sévérité, puisque ce moyen si simple et si peu gênant permettait de donner chaque jour au prisonnier un exercice que sa santé réclamait. Cette mesure, du reste, n'était ni aussi neuve ni aussi exceptionnelle qu'on l'a généralement supposé. Elle parait empruntée aux coutumes pénales de quelques petites républiques italiennes du moyen âge : à Venise, les gens arrêtés par ordre des inquisiteurs d'État étaient conduits masqués dans leurs cachots. Pour être d'un usage fort rare à la Bastille, la précaution dont le prisonnier de Saint-Mars fut l'objet ne constituait pas, selon toute vraisemblance, un fait unique et sans précédents. Il est probable qu'il y a eu plusieurs masques de fer, et que le dernier en date, celui qui mourut en 1703, hérita, par une synthèse qui s'opère aisément dans l'esprit public, de toutes les particularités propres à ses prédécesseurs.

Ainsi l'obligation de porter un masque, la seule mesure un peu exceptionnelle qui ait été appliquée à ce prisonnier pendant un séjour de cinq ans à la Bastille, outre qu'elle n'était point absolument étrangère aux usages des anciennes prisons d'État, s'explique d'une façon toute naturelle par la nécessité d'accorder les lois de l'humanité avec celles du secret absolu.

Pour tout le reste, il fut traité absolument comme les autres prisonniers de sa catégorie, ni mieux, ni plus mal. A sa mort, il reçut les soins qu'on donnait à tous les captifs en pareille circonstance : il fut confessé et exhorté par l'aumônier de la Bastille, inhumé dans le cimetière de cette paroisse, et son enterrement, très-modeste, coûta quarante livres. Sur le registre des sépultures, on l'appela Marchiali, nom de pure invention, selon toute vraisemblance. C'était le caprice du gouverneur, et quelquefois d'un étranger, qui déterminait le nom qu'on imposait au condamné mis au secret à son entrée dans la prison. On a vu qu'à Pignerol ce fut Catinat qui donna à Matthioli le faux nom de Lestang. C'est ainsi, selon toute vraisemblance, qu'on en usa pour le Masque de fer. On l'appela *toujours* Marchiali, dit Voltaire. C'est encore là une erreur. Le registre de Dujonca prouve qu'on ignorait à la Bastille le nom du détenu : c'était le prisonnier de la troisième Bertaudière, rien de plus[1]. Ce fut seulement après l'inhumation que Dujonca apprit le nom qu'on lui avait attribué sur le registre. Pourquoi lui donner un nom italien ? demande encore Voltaire. Pourquoi, plus tard, en donna-t-on un à Latude, qui à la Bastille s'appelait Dauri ? Et, pour le dire en passant, si le Masque de fer eût été Matthioli, c'eut été faire preuve d'une grande maladresse que de lui donner, sur un registre public, un nom si approchant du véritable. L'imprudence eût été d'autant plus grande, qu'au moment du décès de l'inconnu, l'ancien maître de Matthioli, le duc de Mantoue, était attendu à Paris, où il passa l'hiver de 1703-1704.

Un dernier fait reste à expliquer. L'inconnu suivit Saint-Mars dans ses divers gouvernements. Pourquoi ne le laissa-t-on pas à Pignerol, sa première prison ? Pourquoi ce soin de river en quelque sorte le prisonnier au geôlier ? N'est-ce pas qu'on voulait par là restreindre les chances de voir ébruiter un dangereux secret ?

La réponse sera courte. Une compagnie commandée par Saint-Mars avait été créée tout exprès pour la garde de Fouquet. Le surintendant mort et Lauzun mis en liberté, la compagnie fut réduite à quarante-cinq hommes, qui suivirent leur

---

[1] La lettre de M. de Palteau, que nous mentionnons plus haut, et qui, dans certains détails, mérite peut-être plus de créance que Sainte-Foix ne lui en accordait, cette lettre dit qu'aux îles Sainte-Marguerite le prisonnier était appelé *Latour*.

capitaine tant à Exiles qu'aux îles Honorat et Sainte-Marguerite, et il ne resta plus à Pignerol que trois prisonniers sans importance dont la nourriture ne coûtait en tout que deux écus. (Lettre de Louvois du 9 juin 1681.) Ils furent confiés à la garde de la troupe ordinaire en résidence dans la citadelle. C'est parce qu'ils étaient seuls au secret absolu que les deux prisonniers logés dans la tour d'en bas durent suivre la compagnie qui les gardait. Cette compagnie fut dissoute en 1698, lorsque Saint-Mars accepta, fort à contre-cœur, le gouvernement de la Bastille, et c'est là ce qui explique pourquoi, cette fois encore, le Masque de fer suivit son ancien gardien.

Tels sont les faits, tels ils paraissent quand on les examine sans parti pris et avec une dose suffisante d'esprit critique. Sans la circonstance du masque, l'histoire du captif inconnu de Pignerol, qui fut sans doute celle de beaucoup d'autres prisonniers, n'eût pas irrité, comme elle l'a fait depuis plus d'un siècle, la curiosité publique. Stimulée par l'étrangeté de ce masque, l'imagination a beaucoup ajouté à la mystérieuse histoire, qui peu à peu a pris le caractère de la légende. En même temps qu'elle donnait une apparence voisine du merveilleux à des faits au fond très-naturels, elle concentrait sur un seul personnage des événements relatifs à plusieurs captifs, malheureuses victimes du dur régime des prisons d'État sous la monarchie absolue. L'anecdote du plat d'argent rapporté par un pêcheur est de ce nombre. On raconte la même histoire d'un certain Valzin, détenu par ordre de Richelieu. Elle parait, en réalité, convenir à deus ministres protestants confiés à la garde de Saint-Mars pendant qu'il commandait les îles Sainte-Marguerite. Un d'eux, au dire de ce gouverneur, écrivit des pauvretés sur son linge et sur des plats d'étain[1]. Voilà le fait très-simple dont l'imagination populaire a enrichi l'histoire du Masque de fer, en métamorphosant les plats d'étain en plats d'argent, comme elle avait déjà changé le loup de velours en masque de fer.

Autre légende : le secret du prisonnier masqué fut toujours transmis du Roi au Roi et à nul autre : nous copions les paroles de M. Michelet. Comment l'illustre historien a-t-il pu prêter l'autorité de son talent à de pareils contes ? Louis XV n'avait que cinq ans à la mort de son aïeul : ce n'est donc pas de ce dernier qu'il a pu tenir le secret. Il l'avait, dira-t-on, appris du Régent. Mais de qui ce dernier le tenait-il ? Ce n'était pas apparemment de Louis XIV, qui avait nommé à la régence, non pas Philippe d'Orléans, mais le duc du Maine, et qui n'a pu prévoir que le Parlement ne tiendrait pas compte de ses dernières dispositions. Enfin, il est prouvé que Louis XVI ignorait le mot de l'énigme. Ses efforts pour le connaître, ses promesses à la Reine à ce sujet, ses recherches infructueuses dans les papiers secrets de son prédécesseur, tout cela est raconté par madame Campan, témoin oculaire, avec un air de vérité qui ne se contrefait pas. Il est vrai que M. Michelet met en doute la véracité de Louis XVI. Si ce prince dit à Marie-Antoinette qu'on n'en savait plus rien, c'est que, la connaissant bien, il se souciait peu d'envoyer ce secret à Vienne. Quel intérêt y avait-il, vers 1775, à empêcher Marie-Antoinette d'apprendre à sa mère ce qu'était un prisonnier d'État mort soixante-douze ans auparavant ? Quel avantage l'impératrice pouvait-elle retirer d'une telle confidence ? En quoi et comment pouvait-elle s'en servir pour nuire à la France ? Si le Masque de fer était un ami de Louis XIV, qu'il fût bâtard ou non, il n'avait point évidemment laissé de postérité, et, dès lors, le trône appartenait sans conteste aux descendants du grand roi.

---

[1] Lettre de Saint-Mars à Louvois, du 4 juin 1692.

Si Louis XVI n'a pu savoir ce qu'était le Masque de fer, s'il a dû recourir, pour s'en informer, au petit-fils de Pontchartrain, qui lui-même, très-probablement, ne l'avait jamais su, à plus forte raison Louis XVIII l'a-t-il ignoré. Le mot qu'on lui prête, et qui prouverait que, dans sa pensée, le prisonnier était un frère allié de Louis XIV[1], est en opposition formelle avec une confidence que Louis XV aurait faite à madame de Pompadour, à laquelle il aurait avoué que le Masque de fer était un agent du duc de Mantoue. Les deux anecdotes sont contradictoires et s'enlèvent mutuellement toute autorité.

Nous avons négligé les anecdotes et les témoignages suspects, pour n'avoir égard qu'aux faits certains, contrôlés par des documents officiels ou du moins revêtus d'un caractère sérieux d'authenticité. Le prisonnier ne fut ni un prince ni même un personnage considérable. Aucun des faits sur lesquels cette thèse s'est appuyée ne soutient l'examen : égards respectueux, table princière, linge d'une finesse extraordinaire, soins donnés directement par le gouverneur, visite d'un ministre au captif, tout cela est de pure invention on s'explique par les usages aujourd'hui connus de la Bastille. Le prisonnier fut traité exactement comme l'étaient tous ceux qui étaient condamnés au secret absolu. Nous le répétons, sans le masque qu'on l'astreignit à porter, et qui s'explique d'une façon très-simple, sa douloureuse histoire n'eût jamais franchi les murs de la Bastille : elle fût restée aussi ignorée et l'objet d'aussi peu de commentaires que celles de huit d'autres coupables, détenus et inhumés sous de faux noms, et dont personne n'a jamais songé à sonder la ténébreuse destinée.

Son nom véritable, sa qualité, son crime, nous n'avons point à nous en expliquer. Les deux systèmes qui seuls aient cours encore aujourd'hui sur le Masque de fer sont également erronés : c'est là tout ce que nous avons entendu établir. Voici toutefois qui peut jeter quelque jour, non sur son identité, mais sur sa qualité et les motifs de sa détention. Les hôtes de la Bastille étaient répartis dans les tours suivant la nature de leurs crimes. On mettait ensemble, dit M. Ravaisson, les espions avec les espions, les voleurs avec les voleurs, les empoisonneurs avec les empoisonneurs[2]. Or, le Masque de fer était logé à la Bastille dans la tour qu'habita un instant, en même temps que lui, l'espion Constantin de Renneville, et à l'étage immédiatement supérieur[3]. On peut donc conjecturer, avec une grande vraisemblance, qu'il était puni pour fait d'espionnage. On peut admettre de plus qu'il était dépositaire de graves secrets intéressant le gouvernement français, soit qu'il les eût surpris, soit qu'on les lui eût confiés. Ainsi s'expliquerait le secret rigoureux auquel il fut soumis dans ses diverses prisons ; mais il n'était certes ni plus important à garder ni de plus haute extraction que le moine également inconnu qui habita, lui aussi, le donjon de Pignerol et qui, comme lui, fut jusqu'à sa mort soumis au secret absolu. C'est son obscurité même qui a épaissi les ténèbres qui couvrent son origine, son crime et son nom véritable. Les ministres successeurs de Louvois qui, sur les registres du secrétariat de la maison du Roi, l'appelaient simplement le prisonnier de Provence, auraient sans doute été bien empêchés de le désigner autrement. Cette ignorance des dépositaires de l'autorité était la même à l'égard

---

[1] *Revue rétrospective* d'avril 1834.
[2] Introduction aux *Archives de la Bastille*, p. XVIII.
[3] Payé par le ministre français pour surveiller le prince d'Orange, Benneville fut convaincu d'avoir reçu de l'argent de ce dernier. A la Bastille, il était la mouche du gouverneur ; c'est pour cela sans doute qu'on lui laissait un peu plus de liberté qu'à son voisin de captivité, le Masque de fer.

de beaucoup d'autres prisonniers : on en peut juger par les demandes de renseignements sur leur compte que Louvois adressait à Saint-Mars, par celles que Colbert envoyait à M. de Besmaus[1]. Dans les prisons d'État, mieux que partout ailleurs, le temps faisait vite son œuvre. La Bastille était placée sous la surveillance du ministre qui avait Paris dans son département, mais chaque secrétaire d'État pouvait y envoyer des coupables. Quand la détention se prolongeait, quand le ministre qui l'avait ordonnée venait à mourir, l'oubli s'étendait rapidement sur le condamné. Ce fut là le sort du Masque de fer. Louvois et Saint-Mars emportèrent probablement dans la tombe le secret des motifs de sa détention, si tant est même que Saint-Mars l'ait connu, ce que rien ne prouve[2]. Et quand, un demi-siècle après la mort de cet obscur criminel, l'imagination de Voltaire eut bâti le roman qu'on conne, il n'y avait plus à la Bastille ni ailleurs personne qui fût en état de dire avec certitude ce qu'était l'inconnu mort en 1703, dans la troisième Bertaudière. Le mystère était d'autant plus impossible à percer qu'il n'y avait jamais eu de mystère, pas d'autre du moins que celui qui pesait indistinctement sur tous les prisonniers mis au secret absolu.

On le voit, la solution à laquelle nous arrivons sur le problème historique qui fait l'objet de cette étude n'est pas de nature à satisfaire complètement la curiosité publique. Au personnage factice que roi' a baptisé du nom de Masque de fer, elle ne substitue point un être réel et dont la vie et les aventures soient nettement déterminées : elle n'a qu'un mérite, c'est d'être l'expression de la vérité ; et la vérité est presque toujours moins attrayante que la fiction. Qu'y a-t-il, en effet, au fond de cette histoire ? Un fait très-simple et très-vulgaire, sur lequel l'imagination populaire s'est plu à broder une légende.

---

[1] On lit ce qui suit dans le mémoire sur les prisonniers renfermés à la Bastille, envoyé par Besmaus à Colbert, le 2 septembre 1661 : M. *Petit* : Je ne sçay pourquoi (il est détenu), si ce n'est qu'il ait parlé contre N. de Ratabon, à ce qu'il dit. Ainsi le ministre et le gouverneur ignoraient les motifs de la détention et étaient forcés, pour s'en instruire, de consulter le prisonnier lui-même.
[2] Saint-Mars mourut en 1708, dans sa quatre-vingt-deuxième année.

SUR MATTHIOLI

ET LES DERNIÈRES EXPLICATIONS DONNÉES À L'ÉNIGME DU PRISONNIER MASQUÉ

I

La solution à laquelle j'arrive dans l'étude qui précède n'est pas de celles qui s'imposent nécessairement à l'esprit et qui plaisent à tout le monde. Précisément parce qu'elle est toute négative et qu'elle rompt avec la tradition, une telle solution ne fait pas l'affaire des curieux. On s'est habitué à croire que l'homme au masque était un grand personnage, victime de la raison d'État ou d'une rancune royale ; on n'aime pas à reconnaître qu'on a été dupe d'une chimère, qu'on s'est passionné pour un personnage imaginaire. Ainsi s'explique la faveur avec laquelle est accueilli quiconque apporte une solution conforme aux données généralement admises.

Je ne saurais donc m'étonner ni qu'un écrivain distingué ait repris, au sujet de l'énigme du Masque de fer, la vieille explication du baron de Heiss et de Delort, ni du succès qui a accueilli cette résurrection accomplie avec beaucoup d'art. Je fais ici allusion à l'ouvrage de M. Marius Topin, livre couronné par l'Académie française, et qui compte aujourd'hui cinq éditions. Ce livre, je l'ai combattu lors de son apparition, et il s'en est suivi une polémique que je n'entends pas renouveler ici. J'ai pour M. Topin, pour son esprit ingénieux, élevé, consciencieux, la plus parfaite estime ; il possède la plupart des qualités qui font l'historien : la sagacité, la patience, l'érudition. Je me bornerai donc à extraire de l'Étude où j'ai essayé de réfuter son ouvrage les raisons les plus décisives, et j'aurai soin de dépouiller cette critique de tout caractère agressif, de la rendre autant que possible impersonnelle.

Son livre n'est pas précisément l'histoire du vrai Masque de fer ; c'est plutôt celle des principaux personnages à qui l'imagination populaire a attribué ce titre, et cette histoire est des plus curieuses ; elle révèle une foule de faits intéressants ; mais elle aboutit, après de longs préambules et de nombreuses hésitations, à une conclusion déjà bien des fois présentée et toujours réfutée avec avantage, à savoir que l'énigmatique personnage mort à la Bastille le 9 novembre 1703 n'était autre que le comte Matthioli, puni par Louis XIV de sa trahison dans l'affaire de la cession de Casal.

Cette conclusion, selon moi, n'est nullement fondée. M. Marius Topin a fourni lui-même une moitié de la démonstration, en prouvant par deux lettres précieuses, et dont la découverte est la plus importante de toutes celles qu'il a faites, que Matthioli n'avait point été, en 1681, conduit par Saint-Mars de Pignerol à Exiles, et qu'il était encore à Pignerol à la date du 27 décembre 1693. Je crois avoir apporté la seconde moitié de la preuve, en établissant, non par des raisonnements, mais par un document officiel, qu'à la même époque, quand Matthioli résidait à Pignerol, un détenu mystérieux, sur qui dès lors l'imagination populaire bâtissait d'étranges romans, était, et depuis longtemps déjà, tant à Exiles qu'aux îles Sainte-Marguerite, soumis à la garde la plus vigilante de Saint-Mars ; qu'en conséquence Matthioli et lui sont deux, et qu'ainsi le problème reste tout entier et toujours aussi impénétrable que jamais. Il ne se peut rien de plus clair que la question ainsi posée ; la plus légère attention suffit pour la comprendre.

Dans l'étude qui précède, j'ai déjà dit un mot des deux dépêches découvertes par l'auteur de l'*Homme au masque de fer* : j'y reviens ici pour en discuter la portée.

La première fut adressée par Saint-Mars à l'abbé d'Estrades, le 25 juin 1681. Saint-Mars annonce à cet abbé son prochain départ de Pignerol et sa nomination au gouvernement d'Exiles.

J'ai reçu hier seulement mes provisions de gouverneur d'Exiles avec deux milles livres d'appointements ; l'on m'y conserve ma compagnie franche et deux de mes lieutenants, et j'aurai en garde deux merles que j'ai ici, lesquels n'ont point d'autres noms que messieurs de la tour d'en bas ; Matthioli restera ici avec deux autres prisonniers. Un de mes lieutenants, nommé Villebois, les gardera, et il a un brevet pour commander en mon absence à la citadelle ou au donjon jusqu'à ce que M. de Rissan revienne, ou que Sa Majesté ait pourvu à cette lieutenance du Roi.

Voilà un fait nouveau et considérable. Matthioli n'a point suivi Saint-Mars à Exiles : il est resté à Pignerol. Il n'est point mort au mois de janvier 1687, comme je l'avais pensé autrefois, et comme M. Topin lui-même l'avait pensé et affirmé d'après moi.

A la fin du mois d'avril 1687, Saint-Mars passe d'Exiles au gouvernement des îles Honorat et Sainte-Marguerite. A cette époque, Matthioli est toujours à Pignerol. Il y est encore le 27 décembre 1693. C'est ce qui résulte d'une lettre non moins importante que la première, découverte aussi par M. Topin, et adressée, à cette date, par le ministre au sieur Laprade, qui depuis le 28 juillet 1692 (c'est du moins M. Topin qui dit cela) avait pris le commandement de Pignerol, laissé vacant par la mort du sieur de Villebois :

Vous n'avez qu'à brusler ce qui vous reste des petits morceaux des poches sur lesquelles le nommé Matthioli et son homme ont escrit, et que vous avez trouvés dans la doublure de leurs justaucorps où ils les avoient cachés.

Dans une autre lettre, en date du 26 février 1694, le même ministre, Barbezieux, annonce à Saint-Mars l'envoi prochain aux îles Sainte-Marguerite de trois prisonniers d'État qui se trouvent dans le donjon de Pignerol. Il lui demande s'il a des lieux sûrs pour les enfermer, et il ajoute, dans une missive du 20 mars suivant : Vous savez qu'ils sont de plus de conséquence, au moins un, que ceux qui sont présentement aux îles, et vous devez, préférablement à eux, les mettre dans les prisons les plus sûres.

M. Topin conclut que parmi ces trois prisonniers se trouvait Matthioli, et qu'il est celui qui est considéré comme étant de plus de conséquence que les autres inconnus alors captifs aux îles Sainte-Marguerite, celui qui est désigné par ces mots : au moins un. C'est là une pure hypothèse. En quoi cette lettre de Barbezieux, en quoi cet envoi de trois prisonniers qu'elle annonce prouvent-ils que parmi eux se trouvait l'homme que, plusieurs années après, en 1698, Saint-Mars conduira à la Bastille[1] ? En quoi cela montre-t-il que Matthioli soit cet

---

[1] La prétendue preuve résulte uniquement du rapprochement que voici : dans sa lettre à l'abbé d'Estrades, Saint-Mars écrit : Matthioli restera à Pignerol avec deux autres prisonniers. Il écrivait cela en juin 1681. Plus tard, en 1694, trois prisonniers sont

homme ? M. Topin constate lui-même (p. 398) que depuis la dépêche de 1693, concernant ce que cet Italien écrivait sur les poches de son justaucorps, on cesse de le nommer ; son nom disparaît pour toujours de la correspondance officielle : aveu important et dont il faut prendre acte, car il donne lieu de conclure à la mort de Matthioli.

Un fait seulement résulte avec certitude des missives qui viennent d'être citées : c'est qu'au 27 décembre 1693, Matthioli est encore à Pignerol. Si donc on démontre qu'à cette date, et depuis plusieurs années déjà, un prisonnier mystérieux, bien plus mystérieux que Matthioli, était avec Saint-Mars aux îles Sainte-Marguerite, on aura renversé tout l'échafaudage laborieusement construit par M. Topin.

Cette preuve, la voici. Elle résulte d'une lettre que cet écrivain ignorait au moment où il imprimait son livre, lettre en date du 8 janvier 1688 et adressée par Saint-Mars à Louvois. Je la reproduis textuellement, avec sa vicieuse orthographe :

> MONSEIGNEUR,
>
> Je me donneray lhonneur de vous dire comme j'ay mis mon prisonnier quy est toujours valtudinaire à son ordinaire dans l'unne des deux nouvelles prisons que j'ay fait faire suivant vos commandement. Elles sont grandes, belles et claire, et pour leur bonté je ne croy pas qu'il y en ait de plus fortes ny de plus asseurés dans l'urope, et maismemant pour tout ce que peut regarder les nouvelles de vive voix de pret et de loing, se quy ne se peut trouver dans tous les lieux ou j'ay esté à la garde de feu monsieur Fouquet depuis le moment quil fut aresté. Avec peu de précaution, lon peut maisme faire promener des prisonniers dans tout l'isle, sans crainte qu'ils se puissent sauver, n'v donner n'y resevoir auqunes nouvelles. Je prends la liberté, Monseigneur, de vous marquer en detail la bontté de se lieu, pour quand vous auriés des prisonniers à vouloir mettre en toute seureté avec un honneste liberté.
>
> Dans toute sette province lon dit que le mien est monsieur de Baufort, et dautres dissent que cest le fils de feu Cronvel.
>
> Voisy sy ioint un petit mémoire de la depance que j'ay faite pour luy l'année dernière. Je ne le rnet pas en détail, pour que personne par qui il passe puisse pénétrer autre chose que ce quils croyent.
>
> Jay fait excequter, Monseigneur, les santances du conseil de guerre que le major d'isy c'est donne lhonneur de vous envoier.
>
> Mon lieutenant nommé Laprade prend la liberté, Monseigneur, de vous suplier très humblement, par sa lettre sy jointe, de luy

---

envoyés aux lies Sainte-Marguerite. M. Topin conclut que ce sont *les mêmes* qui avaient été laissés à Pignerol treize ans auparavant, et que Matthioli est un des trois. Mais en treize ans, que d'événements ont pu se passer ! que de prisonniers inconnus être envoyés à Pignerol ! Qui peut affirmer que Matthioli fut parmi les transférés ? On verra plus loin, qu'il mourut vraisemblablement au moment de partir pour les îles ou en y arrivant.

vouloir accorder un congé de deux mois pour aller en Gasconnie vaquer à ces afferes, ou davoir la bonté de luy faire donner un Commitimus, pour faire venir les parties quil le plaides au parlement d'Aix, ce quy feroit quil sacomoderoient plutost que de passer de leur province en sellesy. Je vous demande en grâce la permission de me dire avec tout le respect et la soumition possible,

Monseigneur,

Votre tres-humble, tres-obéissant et tres-obligé serviteur,

DE SAINT-MARS.

Aux Isles, ce 8e janvier 1688.

Je le demande à tout lecteur de bonne foi : cette lettre n'est-elle pas décisive ? Saint-Mars parle de son prisonnier comme s'il était l'unique, le prisonnier par excellence ; il dit : mon prisonnier. On a fait faire de nouvelles prisons où on le loge. Elles sont grandes, belles et claires ; il n'y en a pas de plus fortes en Europe. J'appelle surtout l'attention sur cette phrase : Dans toute cette province, on dit que le mien (mon prisonnier) est M. de Beaufort, et d'autres disent que c'est le fils de feu Cromwell. Et Saint-Mars ajoute qu'il envoie un petit mémoire de la dépense faite par ce prisonnier l'année précédente. Le mémoire est petit, ce qui montre bien que si le prisonnier est important à garder, il n'occupe pas un rang social fort élevé ; mais le mystère qui l'entoure est tel, que le gouverneur n'ose pas mentionner le détail des dépenses, pour que ceux entre les mains de qui ce mémoire peut passer ne puissent soupçonner autre chose que ce qu'ils croient[1].

Voilà, certes, un prisonnier à la garde duquel le gouvernement tient autant, pour le moins, qu'a celle de Matthioli. C'est bien l'homme sur qui s'exerce déjà l'imagination populaire : c'est lui qui va devenir le héros de la légende qu'elle brodera plus tard. Saint-Mars s'ingénie à dérouter l'opinion, et à ne point la détourner de la voie fausse où elle se jette.

Si donc le mystérieux captif réside dès 1688 aux fies Sainte-Marguerite, il n'est pas le même que Matthioli, qui (M. Topin le prouve) était encore à Pignerol au 27 décembre 1693, et qui n'y serait arrivé qu'après le 20 mars 1694. La démonstration est tellement claire et irrésistible qu'il est inutile d'insister. D'une part, peut-on dire à M. Topin, vous ne prouvez pas que Matthioli fût parmi les trois prisonniers transférés en 1694 de Pignerol aux îles ; d'une autre, vous n'établissez pas autrement que par une argumentation dénuée de preuves écrites que l'un de ces prisonniers soit celui qui est venu mourir à la Bastille ; enfin, et ceci est tout autrement grave, il y avait aux îles un inconnu bien plus mystérieux que Matthioli, et sur lequel la curiosité s'exerçait déjà quand ce dernier était encore à Pignerol.

---

[1] Remarquons de plus qu'a la date de la lettre, au 8 janvier 4688, Saint-Mars a pour lieutenant aux Iles Sainte-Marguerite ce même Laprade que M. Topin dit avoir passé au commandement de Pignerol le 28 juillet 4692. Gela n'a rien d'impossible ; mais il faut admettre alors qu'il avait, comme Saint-Mars, suivi le prisonnier inconnu à Sainte-Marguerite, et qu'il fut ensuite promu au commandement de Pignerol. Il était lieutenant de Saint-Mars depuis janvier 1678. Voyez l'*Histoire de la détention de Fouquet et autres*, par DELORT, t. I, p. 212.

II

Dans l'étude qui précède, j'ai montré que ce prisonnier, d'abord renfermé à Pignerol, avait suivi Saint-Mars dans tous ses changements de résidence. Il était arrivé aux fies Honorat et Sainte-Marguerite en même temps que son gardien, le 30 avril 1687, après un voyage de douze jours, pendant lequel le malheureux, déjà très-souffrant à son départ, avait toujours été malade par suite du défaut d'air : il voyageait enfermé dans une chaise de toile cirée. En donnant avis au ministre de cette arrivée, Saint-Mars ajoutait : Je puis vous assurer, Monseigneur, que personne au monde ne l'a vu, et que la manière dont je l'ai gardé et conduit *fait que chacun cherche à savoir qui peut être mon prisonnier*. (Lettre du 3 mai 1687.)

On a vu, par la lettre du 8 janvier 1688, textuellement reproduite plus haut, que les commentaires continuèrent après l'arrivée du maladif et mystérieux personnage : on supposa qu'il n'était rien moins que le fils de Cromwell ou le duc de Beaufort. La curiosité déjà éveillée ne s'endormira plus : la légende qui se précisera plus tard est déjà formée : on en saisit ici les premiers contours. En 1688, le prisonnier est toujours valétudinaire, ce sont les termes mêmes du gouverneur ; ce qui montre clairement que ce captif est bien celui qui est arrivé aux fies l'année précédente, déjà très-souffrant, et dont il est question dans la lettre du 3 mai 1687.

Cette dernière lettre, je l'ai publiée dans mon étude sur le Masque de fer. Elle prouve que, quelques jours avant la date de cette dépêche, Saint-Mars avait amené un prisonnier mystérieux d'Exiles aux îles Sainte-Marguerite. J'insiste sur ces mots qui la terminent : La manière dont je l'ai gardé et conduit fait que chacun cherche à savoir qui peut être mon prisonnier. Comment donc croire que la curiosité des habitants de l'île ne commença de s'éveiller que vers 1697, longtemps après l'arrivée aux îles des trois prisonniers inconnus envoyés de Pignerol ? Rien de saillant, dit M. Topin, dans le traitement du prisonnier amené d'Exiles, rien qui pût exciter la surprise, et, dans tous les cas, certitude évidente que cette surprise se serait produite au moins dans les premières années de son séjour aux îles Sainte-Marguerite. On vient de voir que cette curiosité, cet étonnement n'ont pas attendu dix ans pour se manifester, comme le dit encore M. Topin ; qu'ils ont éclaté dès le premier jour, et la lettre si décisive du 8 janvier 1688 établit, avec la clarté de l'évidence, qu'à cette date, et cinq ans avant l'arrivée aux fies des trois prisonniers de Pignerol, cette fièvre de curiosité touchait à son paroxysme et enfantait le récit légendaire auquel le temps n'a presque plus rien ajouté. Comme cette curiosité qui n'aurait éclaté que vers 1697 est l'un des principaux arguments de la thèse que je réfute, on avouera certainement que cette thèse est maintenant singulièrement ébranlée : l'argument s'est retourné contre elle, car c'est le prisonnier de 1687, et non l'un des trois inconnus de 1694, qui a été l'objet de la curiosité générale et la source première de la légende.

Ici pourtant se dresse une objection. Elle ressort de cette phrase de Barbezieux, qui se trouve dans la lettre du 20 mars 1694, où ce ministre annonce à Saint-Mars le prochain envoi aux îles de trois prisonniers d'État détenus à Pignerol : Vous savez qu'ils sont de plus de conséquence, au moins un, que ceux qui sont présentement aux isles ; vous devez, préférablement à eux, les mettre dans les prisons les plus sûres.

Je l'ai lue avec soin, cette phrase, et j'ai même prié M. Topin, qui s'y est prêté avec le plus courtois empressement, de me communiquer le texte entier de la dépêche qui la contient. Je me plais à dire ici que la phrase dont il s'agit s'y trouve textuellement, et j'emprunte à la missive les autres détails que voici : Le ministre dispense Saint-Mars d'aller au-devant des trois prisonniers. Il devra seulement préparer les meubles et vaisselles nécessaires à leur usage, et veiller à ce que les ouvrages qu'il jugera utiles soient terminés à leur arrivée. C'est, à peu de chose près, ce qui s'est passé pour le mystérieux prisonnier arrivé aux îles en 1687 ; seulement il semble que, pour lui , on ait fait faire une belle prison toute neuve : ici, il s'agit seulement de réparations et d'agrandissements.

Je le répète, la phrase est fidèlement reproduite. Eh bien, que prouve-t-elle, cette phrase ? Une seule chose : que, parmi les trois prisonniers envoyés de Pignerol en 1694, il y en a un qui est de plus de conséquence, aux yeux du ministre, que ceux qui sont alors aux îles. En quoi cela prouve-t-il que le futur Masque de fer n'e fût pas déjà parmi ces derniers ? M. Topin part toujours de cette fausse idée que ce malheureux doit nécessairement avoir été un personnage de marque, un prisonnier de haut rang, qu'il convenait de garder plus strictement et avec plus de déférence que les autres. J'ai assez démontré jadis qu'il n'en est rien. Égards respectueux, table princière, linge d'une finesse extraordinaire, soins donnés directement par le gouverneur, visite d'un ministre au captif, j'ai fait justice de tous ces contes tout cela est de pure invention, ou s'explique par les usages aujourd'hui connus de la Bastille.

Ce n'était pas, je l'ai dit déjà et je le répète, ce n'était pas le rang qu'un condamné avait occupé dans le monde, c'était principalement soit la nature de son crime, soit l'intérêt politique, religieux ou social attaché à sa réclusion, qui déterminaient le degré de surveillance auquel il était assujetti. A la Bastille, comme dans la plupart des prisons d'État, il y avait plusieurs catégories de prisonniers soumis à des surveillances diverses. Ceux-ci recevaient des visites ; ceux-là jouissaient de ce qu'on appelait les libertés de la cour ; les uns étaient astreints au secret simple ; les autres, au secret absolu : il ne fallait pas moins qu'un ordre du Roi pour faire promener ces derniers. Le 3 mars 1699, Louis XIV écrivait à Saint-Mars, alors à la Bastille : Vous pouvez faire promener le sieur de Vic, ainsi que vous le proposez, en observant qu'il ne parle pas à d'autres prisonniers. Sans doute les privilèges résultant du rang et de la naissance se faisaient jour dans les prisons d'État, comme partout ailleurs à cette époque. Le Roi allouait des sommes plus ou moins fortes pour l'entretien des divers prisonniers, suivant leur position originelle dans la société. Le Masque de fer, le vrai, celui qui mourut à la Bastille, paraît avoir été meublé et entretenu comme les détenus de la condition la plus humble. Sa nourriture était abondante, trop abondante même, comme celle de tous les habitants de la Bastille, qui ne parvenaient pas sans peine à dépenser la somme allouée pour cet objet, et dont un lieutenant du Roi contrôlait l'emploi ; mais son mobilier était des plus misérables, à en juger par celui de son voisin de captivité, l'espion Constantin Renneville. L'un et l'autre étaient logés, non dans ce qu'on appelait les appartements, mais dans une des tours réservées aux *pauvres diables*. J'emprunte ici à dessein l'expression dont se sert M. Ravaisson, qui a fort bien exposé le régime intérieur de la Bastille. Ce mobilier était donc analogue à celui du prisonnier d'Exiles, mobilier qui ne fut, à son départ, vendu que treize écus, et cette vente, pour le dire en passant, montre que ce mobilier était sa propriété, et non celle de l'État. Le Roi généralement ne pourvoyait qu'à la nourriture ; les prisonniers se meublaient avec leurs ressources personnelles, quand ils en avaient.

Aux îles Sainte-Marguerite (c'est là un fait nouveau, sur lequel j'appelle toute l'attention du lecteur), le prisonnier venu d'Exiles avait, en 1695, quatre compagnons d'infortune, tous soumis à une surveillance identique, tous traités absolument sur le même pied que lui, mais toutefois d'une façon moins grossière que les vulgaires criminels appartenant à la population ordinaire des prisons. Une dépêche de Pontchartrain, adressée à Saint-Mars, le 9 janvier 1695, nous apprend que la dépense annuelle de ces cinq prisonniers avait été réglée à 900 livres pour chacun, somme qui excédait celle qui était allouée aux prisonniers vulgaires détenus dans les châteaux forts autres que la Bastille, pour lesquels (c'est la lettre qui nous l'apprend) le Roi ne dépensait alors que vingt sols par jour[1].

Ainsi donc, ce ne sont pas *trois*, mais *cinq* prisonniers d'une position sociale au-dessus de la plus infime, qui résident aux îles en 1695, neuf mois seulement après l'arrivée des trois dont parle M. Topin : tous sont traités de la même manière et sur un pied parfait d'égalité : cela résulte de la lettre de Pontchartrain, qui vient d'être citée, et d'une autre encore plus claire et plus démonstrative, que je produirai tout à l'heure. Qu'on choisisse maintenant et qu'on dise lequel des cinq sera plus tard le Masque de fer. Quant à moi, je n'en sais rien, ni personne non plus probablement. Le prisonnier transporté d'Exiles, dans une chaise hermétiquement close, est au nombre de ces prisonniers ; Matthioli se trouve aussi parmi eux, si toutefois il a été un des trois inconnus envoyés de Pignerol neuf mois auparavant, si, encore, il n'est pas mort soit dans cette forteresse, soit aux îles, depuis la dernière lettre où l'on parle de lui : chose à peu près certaine, puisqu'à partir de 1693, son nom disparaît pour toujours de la correspondance officielle, tandis qu'il figure en toutes lettres dans nombre de dépêches antérieures. Enfin, outre ces deux prisonniers, il y a, en sus, trois autres détenus, tous soignés, traités, nourris, surveillés comme les deux premiers, tous aussi parfaitement inconnus. Lequel, parmi les cinq, est le Masque de fer ?

Dira-t-on que c'est le plus ancien, celui que Barbezieux, dans une lettre du 17 novembre 1697, adressée à Saint-Mars, appelle votre ancien prisonnier ? Je répliquerai que le plus ancien, c'est celui d'Exiles, celui qui figure dans la lettre si curieuse du 8 janvier 1688, qu'on a lue plus haut. A la rigueur même, je pourrais le prouver, car voici un autre missive de Barbezieux, écrite le 13 août 1691, quelques jours après la mort de Louvois, missive adressée aussi à Saint-Mars, alors aux îles, et quand Matthioli est encore certainement à Pignerol, puisque les trois prisonniers, parmi lesquels M. Topin le fait figurer, sans preuves certaines, ne sont arrivés eu Provence qu'au cours de l'année 1691. Dans cette dépêche, déjà publiée par Carra et par M. Paul Lacroix, on lit cette phrase, qui porte un nouveau coup, et des plus terribles, à la thèse que je combats :

Lorsque vous aurez quelque chose à me mander du prisonnier qui est sous votre garde depuis vingt ans, je vous prie d'user des mêmes précautions que vous faisiez quand vous écriviez à M. de Louvois.

Vingt ans ! Cela nous reporte à l'année 1671, et Matthioli (cela est certain) n'a été arrêté et conduit à Pignerol qu'en 1679. Le prisonnier auquel cette lettre de

---

[1] Cette lettre a été publiée par M. Depping dans la *Correspondance administrative sous le règne de Louis XIV*, t. II, p. 276.

Barbezieux s'applique n'était donc pas Matthioli : sa captivité était plus ancienne que celle de ce dernier. Je sais bien, et je l'ai déjà dit ailleurs, que Barbezieux n'a probablement pas pris la peine de vérifier et de rapprocher les dates, et qu'ils ne faut pas prendre au pied de la lettre le chiffre rond qu'il assigne à la captivité du prisonnier inconnu. Mais enfin, quand il écrivait cette lettre de 1691, Matthioli était depuis onze ans seulement à Pignerol : le nouveau ministre s'écartait là d'une manière un peu trop forte de la vérité approximative ; s'il voulait, en effet, user d'un nombre rond, c'était dix et non pas vingt ans qu'il aurait dû mentionner. Dans tous les cas, sa lettre, je le répète, s'applique évidemment au prisonnier d'Exiles, puisqu'en 1691 Matthioli était encore à Pignerol : et ce prisonnier est ancien, puisqu'il est sous la garde de Saint-Mars depuis vingt ans : c'est donc lui, et non Matthioli, qui sera désigné plus tard par ces mots : votre ancien prisonnier. Comment ne pas reconnaître qu'il y a là encore une grosse pierre d'achoppement pour le système qui fait de ce diplomate l'homme au masque de fer ?

Le dernier défenseur de ce système a beaucoup insisté sur les termes de la lettre de Saint-Mars à l'abbé d'Estrades, au moment du départ de ce gouverneur pour Exiles : *J'aurai en garde deux merles que j'ai ici* (à Pignerol), *lesquels n'ont point d'autres noms que messieurs de la tour d'en bas.*

Le mot *merle*, ainsi employé (c'est M. Topin qui parle), ne peut s'appliquer qu'à des personnes vulgaires, insignifiantes, et ayant aussi peu de notoriété que d'importance. C'est pourtant parmi ces deux *merles* que jusqu'ici on a vu l'*Homme au masque de fer*. Dira-t-on qu'une seule preuve ne suffit pas pour établir l'entière obscurité de ces deux prisonniers de Saint-Mars ? Mais elle résulte aussi, et jusqu'à l'évidence, de tout ce que nous avons dit du traitement dont étaient l'objet les prisonniers de Saint-Mars à Pignerol, *à l'exception de Fouquet, de Lauzun et de Matthioli*.

Ceci est imprimé à la page 331 du volume. L'auteur oublie que quelques pages plus haut (page 309), il nous a appris que Matthioli, d'abord désigné sous le faux nom de Lestang, avait longtemps habité la tour dite d'en bas, avec un moine jacobin. Il était alors traité exactement comme ce moine, qui fut l'un des deux merles emmenés par Saint-Mars de Pignerol à Exiles. On les avait mis ensemble par économie, afin, disait Louvois, d'éviter l'entretien de deux aumôniers[1]. Le moine était à moitié fou ; il montait tout nu sur son lit et y criait, à pleins poumons, des choses sans rime ni raison. Voilà l'explication la plus raisonnable du mot *merle*, employé par Saint-Mars. Du reste, Matthioli n'était pas beaucoup plus raisonnable que le moine : il donnait les signes d'un commencement d'aliénation mentale ; il s'emportait contre son geôlier ; il l'invectivait. Le lieutenant Blainvilliers le menaçait d'une rude discipline s'il n'était plus sage et modéré dans ses paroles, et Saint-Mars écrivait au ministre, qui approuvait ses procédés : *J'ai chargé Blainvilliers de lui dire, en lui faisant voir un gourdin,*

---

[1] Louvois se ravisa plus tard, et il donna l'ordre à Saint-Mars de séparer les deux prisonniers et de les mettre au secret le plus absolu. Le gouverneur répondit, par lettre du 11 mars 1684, qu'il les garderait à l'avenir aussi sévèrement et exactement qu'il avait fait autrefois pour Fouquet et pour Lauzun. Voilà encore qui contrarie le système de M. Topin. Cette lettre prouve en effet que les deux merles n'étaient point des prisonniers insignifiants, comme il le dit, puisqu'on les gardait avec autant de soins qu'autrefois Fouquet et Lauzun.

qu'avec cela on rendait les extravagants honnêtes, et que, s'il ne le devenait, l'on saurait bien le mettre à la raison[1].

Voilà les aimables procédés dont Matthioli fut l'objet à Pignerol. Loin que ce traitement fût exceptionnel, et semblable à celui dont on usait envers Fouquet et Lauzun, il fut au contraire très-grossier, analogue de tous points à celui qu'on infligeait aux prisonniers ordinaires, aux merles condamnés au secret absolu, et qui se permettaient de troubler par leurs cris le repos de la citadelle. Si Matthioli fut en effet, ce que rien ne prouve, un des trois prisonniers transférés, en 1694, de Pignerol aux îles Sainte-Marguerite, on a pu voir que, dès l'année suivante, le régime auquel il était soumis ne différait en rien de celui de ses quatre compagnons d'infortune. Frais d'entretien, surveillance, nourriture, tout leur était commun : point de nuances entre eux sous tous ces rapports. La politesse dont on faisait preuve envers ces détenus, et dont, on l'a vu, Matthioli ne ressentit guère les effets pendant son séjour à Pignerol, prouverait même qu'il n'était pas du nombre de ces prisonniers.

Il faut insister sur cette complète parité de traitement, car elle contredit une opinion généralement acceptée sur la foi de Voltaire et reproduite par M. Topin. J'ai promis tout à l'heure d'en fournir encore une preuve décisive. On a lu plus haut la première, qui est une dépêche de Pontchartrain. Voici la seconde ; je la tire d'une pièce curieuse dont j'indique la source en note, source qui est la même que celle de la lettre si concluante de janvier 1688. C'est sur l'original même que je copie :

> MONSEIGNEUR,
>
> Vous me commandes de vous dire comment l'on en euze quand je suis apsent, ou malade, pour les visites et précautions qui se font iournellement aux prisonniers qui sont commis à ma garde.
>
> Mes deux lieutenant servent à manier aux heures reglées, insy qu'ils me l'ont veu pratiquer, et que je fais encore très souvent lorsque ie me porte bien ; et voisy comment, Monseigneur. Le premier venu de mes lieutenant quy prend les clefs de la prison de mon ensien prisonnier par Ion commence, il ouvre les trois portes et entre dans la chambre du prisonnier quy luy remet honnestement les plats et assiettes qu'il a mis les unnes sur les autres, pour les donner entre les mains du lieutenant quy ne fait que de sortir deux portes pour les remettre à un de mes sergents qui les resoit pour les porter sur une table à deux pas de là, ou est le segond lieutenant qui visite tout ce quy entre et sort de la prison, et voir s'il n'y a rien d'ecrit sur les vaisselles ; et après que Ion ley a tout donné le nésésaire, l'on fait la visite dedant et desous son lit, et de là aux grilles des fenestres de sa chambre, et aux lieux, insy que par toute sa chambre, et fort souvent sur boy ; apres luy avoir demandé fort sivilement s'il na pas besoin d'autre chose, Ion ferme les portes pour aller en faire tont autant aux autres prisonniers.
>
> Deux fois la semaine, Ion leurs fait changer de linge de table, insy que de chemise et linges dont ils se servent, que l'on leurs donne et retire par compte après les avoir tous bien visités.

---

[1] Lettre du 25 octobre 1680, datée de Pignerol.

> Lon peut estre fort atrapé Beur le linge qu'on sort et entre pour le service des prisonniers qui sont de considération, comme i'en ay eu qui ont vouleu corompre par argen les blanchiseuze qui m'ont avoué quels navoit peu faire ce que Ion leurs avoit dit, attendu que je fesois mouiller tout leurs linge en sortant de leurs chambre, et lorsqu'il étoit blanc et demy sec, la blansicheuse venoit le passer et detirer chez moy en présence d'un de mes lieutenant quy enfermoit les paniers dans un coffre iuesque a se que l'on le remit aux vallets de messieurs les prisonniers. Dans des bougies il y a beaucoup a se me-fier : ien ay trouvé ou il avoit du papier au lieu de mèche en la rompant, ou quand Ion s'en sert. J'en envoies (envoyais) ageter à Turin à des boutiques non affectée. Il est aussy Ires dangereux de sortir de ruban de ehes un prisonnier seur lequel il écrit comme saur du linge sans quon sen apersoive.
>
> Feu monsieur Fouquet fesoit de beau et bon papier, saur lequel le luy laisois ecrire, et apres jalois le prendre la nuit dans un petit nechet qu'il avoit cousu au fond de son au de chose que j'envoles i feu monseigneur votre père.

Le commencement de la seconde feuille a été déchiré par inadvertance ; il ne reste que ce qui suit :

> en
> l'hon
> quy
> il y a
> quy a leurs
> des prisons, dont je ne veux pas q... on entende une voix.
>
> Pour dernière précausion, l'on visite de temps à autre les prisonniers de iour et de nuit à des eures non reglées, ou souvent l'on leurs trouve quil ont ecrit seur de mauvais linge quy ny a queux qui le saures lire, comme vous aves veu par ceux que ie eu lhonneur de vous adresser. — S'il faut que je face, Monseigneur, autre chose pour mieux remplir mon devoir, je feray gloire toute ma vie de vous obéir avec le maime respect et soumission que je suis,
>
> Monseigneur,
>
> Votre tres humble, tres obéissant et tres obligé serviteur.
>
> DE SAINT-MARS.
>
> Aux Isles, ce 6e janvier 1696.

Dans le haut de la lettre, une plume très-fine a tracé le sommaire de la réponse qui devait être faite à Saint-Mars :

> Le Roy a esté bien aise de scavoir les mesures qu'il prend, auxquelles S. M. n'a pas jugé à propos de rien adjouter, et S. M. lui recommande de les faire observer.

Ce curieux document jette une pleine lumière sur la question qui s'agite en ce moment[1] montre clairement que les cinq captifs inconnus des îles Sainte-Marguerite recevaient du gouverneur un traitement, des soins, une nourriture absolument identiques ; qu'ils étaient soumis à la même surveillance. On commençait la visite par l'ensien prisonnier ; après quoi l'on fermait les portes de son cachot, pour aller en faire autant aux autres. Tous subissaient le sort des détenus condamnés au secret absolu, sans distinction entre eux, sans faveur exceptionnelle, sans régime particulier pour aucun, pas même pour le plus ancien en date.

Une autre observation non moins intéressante ressort de cette dépêche : elle exclut toute possibilité que l'ancien prisonnier dont elle fait mention puisse être Matthioli

On se souvient que, dans la dernière lettre où il soit nommé, et qui est du 27 décembre 1693, le ministre Barbezieux recommande de brûler les morceaux des poches où Matthioli et son homme ont écrit.

Matthioli a donc un domestique, compagnon de son étroite captivité ; il en a un dès 1684, comme on l'apprend par une missive du 1er mai de cette année , missive qui nous montre ce valet prenant fait et cause pour son maître et puni de son emportement ; il en a encore un en 1693, ainsi qu'on vient de le voir. M. Topin insiste fortement sur ce point : J'ai le droit, dit-il, de faire une distinction capitale entre le prisonnier qui a un valet et celui, tel qu'Eustache d'Auger, qui sert de valet à Fouquet. Matthioli a un valet. Matthioli est le seul prisonnier un peu considérable qu'ait laissé Saint-Mars à Pignerol.

Voilà donc qui est bien entendu. Matthioli a un valet ; il n'est pas traité sur le même pied que ses vulgaires compagnons d'infortune, condamnés à la réclusion solitaire. Eh bien, le prisonnier dont il est question dans la lettre du 6 janvier 1696, ce prisonnier que M. Topin revendique et déclare être évidemment l'Homme au masque[2], ce prisonnier *n'a pas de valet* ; il ne jouit pas de plus de privilèges que ses voisins, captifs dans le même donjon de Sainte-Marguerite ; il se sert lui-même ; un lieutenant du gouverneur lui apporte sa nourriture, comme il le fait pour tous les autres ; le prisonnier a pris soin d'empiler les plats et les assiettes qui ont servi à son repas précédent ; il les remet lui-même entre les mains du lieutenant.

Certes, il suffit de lire, même superficiellement, tout ce passage pour se convaincre que l'homme qui se sert ainsi lui- même, qui en est réduit à ces petits détails de ménage que la lettre décrit, n'a pas de domestique à son service. Donc, puisque le signe distinctif de Matthioli est le valet attaché à sa personne, l'inconnu désigné dans la lettre de 1696, et dont Topin reconnaît les droits incontestables au Masque de fer, cet inconnu n'est pas Matthioli. C'est un

---

[1] Les originaux de cette lettre et de celle de janvier 1688 qui précède m'ont été communiqués par M. Mauge-du-Bois-des-Entes, conseiller honoraire à la cour d'appel d'Orléans. Avant de me les soumettre, il les avait fait connaître déjà à M. de Monmerqué, qui les avait imprimés au tome III des *Documents historiques tirés des collections manuscrites de la Bibliothèque nationale et des Archives*. Le haut de la seconde feuille de la lettre de 1696 a été déchiré par inadvertance, et probablement par un domestique, qui, voyant ce papier sur le bureau de son maitre et le jugeant sans importance, en a pris un morceau pour allumer une bougie. Ce fait m'a été attesté par feu M. Mauge. Il n'y a pas d'autre mystère dans cette lacune.

[2] *Le correspondant*, n° du 25 janvier 1870, p. 293.

prisonnier quelconque, de mince extraction probablement, traité sans plus de soins ni d'égards que ses compagnons de captivité, comme le prouvent clairement les mots : pour aller en faire tout autant aux autres prisonniers. Notons que, selon l'écrivain que je réfute ici, le traitement assez dur appliqué, dans le principe, à Matthioli alla toujours s'adoucissant à partir du moment où Louis XIV, en prenant définitivement possession de Casai, eut réparé l'échec que ce traître avait infligé à sa politique. Si cette remarque est juste, elle exclut toute idée qu'après avoir si longtemps gratifié Matthioli d'un domestique, on l'en ait privé précisément au temps où l'on s'était départi des rigueurs dont il avait d'abord été l'objet.

J'examinerai, en terminant, un dernier argument invoqué par ceux qui identifient le ministre mantouan et le Masque de fer. Le nom même de Matthioli, légèrement altéré par erreur ou négligence, figure, dit-on, sur le registre mortuaire de l'église Saint-Paul, où le service funèbre du prisonnier masqué fut célébré le 20 novembre 1703. On sait que le nom inscrit sur ce registre est *Marchialy*, nom qui ne diffère pas beaucoup en effet de l'orthographe qu'ont adoptée, je ne sais trop pourquoi, la plupart des écrivains qui ont parlé du ministre mantouan, car la véritable orthographe italienne est Mattioli.

Dans l'étude qui précède, j'ai déjà fait remarquer combien l'imprudence eût été grande d'inscrire sur les registres de la paroisse dont dépendait la Bastille un nom aussi approchant du véritable, si, en effet, le Masque de fer n'eût été autre que l'ancien ministre du duc de Mantoue, et cela, à l'époque où ce prince, arrivant à Paris, pouvait ainsi apprendre l'horrible vengeance exercée contre son ancien agent. M. Topin objecte que Charles IV était aussi désireux d'être débarrassé de son complice que pouvait l'être Louis XIV lui-même. Je le veux bien ; mais il n'en reste pas moins évident que l'inscription naïvement révélatrice du registre mortuaire est en contradiction avec toutes les précautions précédemment prises. La contradiction n'est qu'apparente, reprend M. Topin, et voici pourquoi. Lorsque l'Homme au masque mourut, on ignorait que Dujonca, le lieutenant de Roi à la Bastille, tint un journal, ce même journal qui a guidé les recherches faites par le P. Griffet sur les registres de la paroisse Saint-Paul. On pensait que les missives racontant l'enlèvement de Matthioli resteraient à jamais impénétrables dans les archives de Versailles. D'ailleurs, le nom du ministre de Charles IV avait disparu dans les dépêches depuis la fin de 1693, et tout lien entre ce ministre et l'homme dont le décès était enregistré le 20 novembre 1703 semblait rompu.

Quoi ! voilà sur quels futiles motifs le cabinet de Versailles s'est fondé pour inscrire le nom de sa victime sur un registre public ! voilà de quelles naïves illusions il s'est bercé ! Quoi ! tant d'imprudence après tant de précautions ! On n'a pas prévu que la disparition de Matthioli, disparition qui devait avoir causé une certaine émotion en Savoie, inspirerait l'idée de chercher ce qu'il était devenu ! On avait pris tant de soins pour abuser les contemporains, et l'on n'en aurait pris aucun pour dérouter l'histoire et la postérité ! Ce nom qui avait fait un certain bruit en Piémont, où il était fort connu, on l'a laissé inscrire sur un registre que tout le monde pouvait lire, que les curés et les vicaires successifs chargés de tenir l'état civil de la paroisse, feuilletaient chaque jour. Le duc de Mantoue, dit-on, ne portait plus aucun intérêt à son ancien ministre. Mais Matthioli laissait des parents : à l'époque de son arrestation, il avait un père, une femme, deux fils ; plusieurs membres de cette famille vivaient encore en 1703. Elle avait, cette famille, grand intérêt à savoir ce qu'était devenu son chef, ne fût-ce qu'afin de pouvoir se mettre en possession de ses biens. Ajoutons qu'il était d'usage, c'est un fait connu, de donner sur les registres mortuaires un faux nom aux prisonniers condamnés au secret absolu et morts dans les prisons d'État[1] ; et c'est justement pour celui dont on avait soigneusement dissimulé le sort terrible qu'on aurait fait une exception ; c'est pour lui qu'on aurait commis cette imprudence révélatrice qui contredit si étrangement les précautions antérieures ! Loin de corroborer le système qui voit dans Matthioli l'homme au masque, je dis que l'inscription sur un registre public d'un nom si rapproché du sien est au contraire l'un des arguments les plus décisifs contre ce système.

Une dernière observation. Si l'acte de décès a dit vrai pour le nom, il faut admettre qu'il a dit vrai aussi pour l'âge, et cela en vertu de cet axiome juridique, que l'aveu est indivisible de sa nature. Or, cet acte commence ainsi : Le 19 (novembre 1703), Marchialy, âgé de quarante-cinq ans environ, est décédé dans la Bastille. Né le 1er décembre 1640, Matthioli aurait eu, au 9 novembre 1703, non pas quarante-cinq, mais soixante-trois ans. On avouera que la différence est un peu forte. Et si l'on prétend qu'il y a eu falsification pour l'âge, ne devra-t-on pas, *à fortiori*, admettre que le même mensonge public a été opéré pour le nom, bien autrement révélateur que l'âge ?

III

On le voit, le mystère qui entoure la victime morte à la Bastille en 1703 n'est nullement percé. De sa qualité, de son nom, des motifs de sa réclusion, on ne sait absolument rien. Tout se réduit, en dernière analyse, à des hypothèses vingt fois émises déjà et vingt fois combattues avec succès. Un seul point nouveau est désormais acquis : c'est qu'il y a eu aux îles Sainte-Marguerite, dès 1687, quand Matthioli était encore à Pignerol, un prisonnier plus mystérieux que lui, captif depuis longtemps et dans lequel l'imagination populaire voyait déjà le fils de Cromwell ou le duc de Beaufort. Est-ce cet inconnu, est-ce Matthioli, est-ce un troisième captif qui fut, en 1698, transféré à la Bastille ? Personne ne le pourrait dire. Le fil qui lie le Masque de fer, mort en 1703, soit au prisonnier transporté d'Exiles aux Îles Sainte-Marguerite en 1687, soit à l'un des prisonniers transférés de Pignerol dans ces îles au cours de 1694, ce fil se rompt pendant le séjour de l'un et l'autre en Provence, sans qu'il soit possible d'en rattacher les deux extrémités. Pour opérer la jonction, on n'a plus d'autre lumière que ces mots employés par Barbezieux : votre ancien prisonnier, mots qui s'appliquent aussi bien à l'un qu'à l'autre des deux captifs dont il vient d'être question, quoiqu'ils paraissent mieux convenir au captif venu d'Exiles qu'à Matthioli.

---

[1] Voltaire, dit M. Paul Lacroix (*Histoire de l'Homme au masque de fer*, p. 78), n'eût pas été intrigué du nom italien de Marchialy s'il avait lu ce passage des *Remarques historiques sur le château de le Bastille*, imprimées quatre ans plus tard : Le ministère n'aime pas que les gens connus meurent à la Bastille. Si un prisonnier meurt, on le fait inhumer à la paroisse de Saint-Paul, sous le nom d'un domestique, et ce mensonge est écrit sur le registre mortuaire, pour tromper la postérité. Il y a un autre registre où le nom véritable des morts est inscrit. Ce registre n'a point été retrouvé dans les archives de la Bastille.
Rappelons ici qu'à Pignerol Matthioli reçut d'abord le nom de *Létang*, et qu'à la Bastille, l'Homme au masque paraît avoir été désigné sous celui de *Latour*.

Ces mots vagues et élastiques, on les retrouve dans le journal de Dujonca, au moment de l'arrivée de Saint-Mars à la Bastille. Ce dernier amène alors dans sa litière un ensien prisonnier qu'il avait à Pignerol.

A ce moment, le prisonnier porte un masque, fait qui a beaucoup exercé l'imagination des historiens, et qui pourtant ne prouve pas grand'chose. J'en ai déjà donné une explication naturelle, et qui plaiderait même en faveur de cette opinion, que le captif de la Bastille serait bien celui qu'on avait amené, en 1687, d'Exiles aux Iles de Provence. On se rappelle que ce malheureux fit ce premier voyage dans la chaise de toile cirée, où il était hermétiquement enfermé et caché à tous les regards. Quand il fallut plus tard lui imposer le voyage de Paris, on recula sans doute devant l'emploi d'un moyen de claustration aussi pénible. On préféra lui appliquer un masque, et l'usage de ce masque fut continué à la Bastille, lorsqu'on lui faisait prendre l'air au dehors, soin que sa santé réclamait. Le masque n'aurait donc été qu'un palliatif destiné à concilier l'humanité avec les exigences réglementaires de la Bastille. Ce n'était pas là, ainsi que je l'ai dit ailleurs, un fait unique et sans précédent. Je ne saurais trop le répéter, il est probable qu'il y a eu plusieurs masques de fer, et que le dernier en date, celui qui mourut en 1703, hérita, par une synthèse qui s'opère aisément dans l'esprit public, de toutes les particularités propres à ses prédécesseurs. Ces sortes de synthèses ne sont pas rares dans l'histoire : c'est ainsi que s'est formée la légende de Guillaume Tell, dont l'origine a été retrouvée au troisième siècle.

Dans sa réponse au P. Griffet, Sainte-Foix rapporte ce qui suit : Un chirurgien nommé Nélaton (voilà un nom prédestiné !), qui allait tous les matins au café Procope, y a raconté plusieurs fois qu'étant premier garçon chez un chirurgien près de la porte Saint-Antoine, on vint un jour le chercher pour une saignée, et qu'on le mena à la Bastille ; que le gouverneur l'introduisit dans la chambre d'un prisonnier qui avait la tête couverte d'une longue serviette nouée derrière le cou. Voilà qui confirme bien ce que j'ai dit de ne laisser voir par personne le visage des prisonniers de la Bastille, condamnés au secret absolu. Dans tous les cas où il fallait les exposer à être vus, soit pour leur faire prendre l'air, soit pour le soin de leur santé, on les masquait. Que ce fût au moyen d'une serviette ou d'un masque de velours, cela importe peu, et, au fond, c'est tout un.

FIN DE L'OUVRAGE